Vorwort

Dieses Buch soll Basiswissen vermitteln. Es soll jedem die Möglichkeit geben, eine Trekkingtour selbständig zu planen und erfolgreich durchzuführen. Demjenigen aber, der sich entschließt, an einem organisierten Trekking teilzunehmen, soll es eine wertvolle Hilfe sein für die Vorbereitung, die Wahl der funktionellen Ausrüstung und das richtige Verhalten in den unterschiedlichen Trekkinggebieten.

Es ist nicht Aufgabe dieses Buches, eine möglichst große Anzahl von Trekkingtouren vorzustellen, die man wie Kochrezepte nachmachen kann, sondern Phantasie und Neugier, die wir als wesentliche Triebfedern betrachten, sollen erhalten bleiben. Deshalb werden nur die großen Naturlandschaften mit ihren Charakteristika dargestellt und die Möglichkeiten, die sich für ein Trekking darin eröffnen. Einzelne Touren mögen als Beispiele dienen. Sie sollen die speziellen Anforderungen verdeutlichen, die sich daraus für das Trekking ergeben.

Wenn es noch dazu ein Bewußtsein für die Schönheit und Einmaligkeit dieser Natur weckt und auch dafür, daß es die letzten Freiräume zu erhalten gilt, dann hat dieses Buch seinen Zweck erfüllt.

München, im Sommer 1992

Bruno Baumann
Toni Siller

1 EINFÜHRUNG

1.1. Trekking – Unterwegssein in den Naturlandschaften der Erde

Trekking ist zweifellos eine faszinierende Art des Unterwegsseins in großen Naturlandschaften. Es ist heute fast zu einer Bewegung geworden. Vielen sind die Alpen und die Regionen der näheren Umgebung zu eng geworden, zu laut, zu erschlossen; deshalb suchen sie intensive Naturerfahrung in den letzten Freiräumen dieser Erde. Das sind eben die höchsten Gebirge, die Steppen und Wüsten, die großen Flußlandschaften und Urwälder. Die Natur in ihrer elementaren Erscheinung zu erleben, zu spüren und zu erfühlen, heißt sich zu beschränken und ein menschliches Maß zu wählen, ein Tempo, das die Landschaft erfahrbar macht.

Minimierung der Ansprüche und der Ausrüstung heißt Maximierung des Erlebnisses.

Das Gehen ist die intensivste Form des Unterwegsseins.
Aber nicht alle Landschaften lassen sich per pedes erschließen. Manchmal sind Hilfsmittel notwendig. Eine Flußlandschaft erlebt man am besten vom Boot aus. Wenn man sich auf befahrbaren Pisten bewegt und noch dazu im Sinn hat, größere Entfernungen zurückzulegen, bietet sich das Fahrrad als geeignetes Fortbewegungsmittel an. Wer Gletscher oder winterliche Landschaften durchqueren will, wird dazu Skier benützen. Die Ausrüstung muß immer auf den Charakter der Landschaft abgestimmt sein.
Ein Trekking ist keine Tour, die man spontan und ohne Vorbereitung unternehmen kann. Von der Idee bis zur Verwirklichung sind vielfältige Schritte zu setzen. Da sind einmal ganz profane reisetechnische Dinge zu erledigen, die Wahl und Besorgung der idealen Ausrüstung, die geistige Vorbereitung durch Studium von Literatur, Karten und Routen und zuletzt die Organisation vor Ort, bevor man endlich losziehen kann. Wem das zuviel ist oder wer keine Zeit dafür hat, schließt sich einem organisierten Trekking an. Spezialisten auf diesem Gebiet bieten heute schon so ziemlich alles an, was man sich überhaupt vorstellen kann. Man braucht nur einmal den Katalog des DAV Summit Club aufzuschlagen, eines der größten Veranstalter für Trekkingreisen überhaupt, um zu wissen, was damit gemeint ist.
Die ständig wachsende Zahl von Kunden ist ein Barometer dafür, daß immer mehr Menschen in ihrem Urlaub einen Gegenpol zum Alltag suchen. Sie wollen »aussteigen«, unserem objektivierten Dasein den Rükken kehren, wenn auch nur für ein paar Wochen und mit Sicherheits-

INHALTSVERZEICHNIS

netz, um ihre teuer erkaufte Freizeit mit einem Tun zu füllen, das Selbstentfaltung und Kreativität fördert.
In einer Trekkingtour lassen sich viele Sehnsüchte verwirklichen. Der Wunsch nach Erleben von Wildnis, elementarer Natur und Abenteuer, aber auch das Kennenlernen einer anderen Kultur. Denn Trekkingrouten folgen oft uralten Karawanen- oder Völkerwanderungswegen, ausgetretenen Pilgerpfaden und traditionellen Handelsstraßen. Entlang dieser Wege finden sich Märkte, Festungen und Sakralbauten, die dem interessierten Trekker einen Zugang zum jeweiligen Kulturkreis vermitteln. Darüber hinaus bietet ein Trekking viele Möglichkeiten zu Begegnungen mit den Menschen, die in diesen Regionen leben.

1.2 Begegnungen mit fremden Kulturen

Darin liegt eine große Chance und enorme Bereicherung. Es erfordert allerdings vom Fremden die Bereitschaft, sich den lokalen Gepflogenheiten mit Toleranz und Einfühlungsvermögen anzupassen und nicht mit der vorgefaßten Meinung eines Vertreters einer scheinbar »überlegenen« Zivilisation aufzutreten. Leider gibt es noch immer Touristen, die ein technologisch weniger entwickeltes Volk als primitiv betrachten und die Einheimischen bestenfalls für Lakaiendienste heranziehen, sie zu lastenschleppenden Kulis degradieren, als deren Inbegriff der tibetische Stamm der Sherpa gilt.

Touristen, die ihre Kameras mehr als Waffe denn als Werkzeug benutzen. Nicht alle Bildopfer sind so geduldig wie diese beiden tibetischen Nomadenmädchen.

Trekking ist eine Form des Unterwegsseins, die viele Gelegenheiten zu spontanen Begegnungen mit den Menschen bietet.

Wer bereit ist, aus seiner angestammten Kultur herauszutreten, sich der fremden Umgebung anzupassen und den Menschen in einer Weise zu begegnen, die ihnen ihre Würde läßt, wird reich belohnt. Wenn ich von »anpassen« spreche, will ich nicht damit sagen, daß es notwendig ist, einen Penisköcher zu tragen, wenn man sich unter Papuas in Neuguinea bewegt, vielmehr geht es um die innere Einstellung.
Die Menschen haben ein feines Gespür dafür, ob man sie als gleichberechtigt und gleichwertig betrachtet oder nicht. Und darauf kommt es an. Man sollte sein Verhalten daran messen, ob man es selbst ebenfalls akzeptieren würde, wenn man die Rollen vertauschen würde. Der Verhaltensforscher Christian Adler hält uns in seinem Buch »Achtung Touristen!« eindrucksvoll den Spiegel hin. Die Lektüre kann ich nur jedem empfehlen, damit wir auch in Zukunft in fremde Länder reisen können.

Der Fremde sollte sich so verhalten, daß er auch in Zukunft ein gerngesehener Gast ist.

Aber Verständnis, Geduld und Toleranz befinden sich nicht immer im Reisegepäck. Oft werden häßliche Züge unserer Ellbogengesellschaft wie Egoismus, Mißgunst und Aggression in der Fremde ungehemmt ausgelebt. So mußte ich einmal beobachten, wie Teilnehmer einer Trekkinggruppe bei der Umrundung des heiligen Berges Kailas in Tibet auf den tibetischen Yaktreiber losgingen, weil sich die Tiere nachts vom Lagerplatz entfernt hatten und am nächsten Morgen nicht »rechtzeitig« zur Verfügung standen. Auf der anderen Seite kenne ich manchen, der nach einer Trekkingreise ein tieferes Verständnis für die Probleme und Nöte des fremden Volkes entwickelt hat.

Jeder, der eine Reise als Selbstzweck unternimmt, ist Tourist. Das wollen viele nicht wahrhaben. »Ich nicht«, sagt der Individualreisende und dünkt sich besser als die verschmähten Organisierten, nur weil er billiger reist. Er ist stolz darauf, daß er noch mit den Ärmsten feilscht und nützt oft schamlos die Gastfreundschaft der Bevölkerung aus. Immer wieder hört man, daß es dort besonders schön war, wo es keine Touristen gab. Das ist entlarvend, denn es offenbart die wahre Motivation. Was hat es mit der Schönheit eines Ortes oder einer Landschaft zu tun, wenn man den Platz mit anderen teilen muß. Es sei denn, man fühlt sich um seine Exklusivität betrogen.
Wir haben noch viel zu lernen, zu lernen vor allem, daß eine Reise in ein fremdes Land auch immer eine Reise in das Fremde in uns selbst ist.

1.3 Trekking und Umwelt

Umweltbewußtes Reisen beginnt schon zu Hause mit der Auswahl der Ausrüstung, bei der Wahl von Materialien, die die Umwelt weniger belasten. Ein konsequentes Durchforsten des Gepäcks, um von vornherein Müll zu vermeiden, sollte selbstverständlich sein. Dabei stellt sich oft heraus, daß manch »unverzichtbare« Ausrüstung doch entbehrlich ist. Sind wirklich so viele Batterien notwendig, braucht man all die Kosmetika auf einer Trekkingtour?

Reduktion ist Gewinn. Man erleichtert dadurch nicht nur sein Gepäck, sondern schont vor allem die Umwelt.

Besonderes Augenmerk sollte auf die Vermeidung von Verpackungsmüll gelegt werden. Alufolien, Blechdosen, Plastikverpackungen sind

Mülltransportsack des DAV Summit Club.

Dinge, die unverrottbar sind. Ist es wirklich unumgänglich dergleichen mitzuführen, wie das zum Beispiel bei Gaskartuschen für den Kocher der Fall ist, dann müssen die leeren Kartuschen wieder mit nach Hause gebracht werden, um sie dort umweltgerecht zu entsorgen. Es gibt immer wieder Trekker, die zu bequem und zu faul sind, ihren Müll wieder mitzunehmen. Das ist verantwortungslos und gefährlich.

»Wer Müll sät, wird Dreck ernten« (Günter Sturm, DAV Summit Club)

Es ist notwendig, als Trekkingtourist mit gutem Beispiel voranzugehen, das trägt auch zur Bewußtwerdung bei der lokalen Bevölkerung bei. Als wir nach der Durchquerung der Takla-Makan-Wüste am ersten Wasserloch lagerten, haben unsere chinesischen Begleiter ihren Zeltplatz mit Abfällen »dekoriert«. Selbst in das geheiligte Wunder des einzigen Wassers weit und breit wurde achtlos Müll geworfen. So etwas macht mutlos, kann einem die Hoffnung rauben. Daraufhin begannen wir die Abfälle einzusammeln, und siehe da, nach einiger Zeit beteiligten sich auch die Verursacher selbst daran.
In den letzten Jahren haben einige der großen Veranstalter von Trekkingreisen begonnen, ihre Kunden zu einem umweltverträglicheren Verhalten anzuhalten. Die Reiseleiter und lokalen Partner sorgen dafür, daß der anfallende Müll wieder mitgenommen wird. Beim DAV Summit Club erhält jeder Teilnehmer einer Trekkingreise einen eigenen Mülltransportsack, der aus dichtem, wasserfesten Nylon besteht.
Der zunehmende Trekkingtourismus wirft natürlich noch ganz andere Probleme auf. So bedeutet das verstärkte Auftreten von Trekkingtouristen, die mehr oder weniger den gleichen Routen folgen, eine Gefahr für sensible Biotope. Am Ruwenzori, einem Gebirge im Grenzbereich zwischen Uganda und Zaire, das wegen seiner einzigartigen Bergflora ein beliebtes Ziel ist, hat man begonnen, Holzstege über bestimmte Lobelienwiesen zu legen, damit der einmalige Pflanzenwuchs nicht zerstört wird. Hier wären aber noch weitere Maßnahmen fällig, um die Natur auch in Zukunft zu schützen. Die Hütten am Ruwenzori sollten mit Kocher und Brennstoff ausgerüstet werden, damit kein Holz mehr als Heizmaterial verwendet wird. Die Männer vom Stamm der Bakonjo, die als Führer und Träger fungieren, müßten mit Schlafsäcken ausgerüstet werden, da sie die ganze Nacht über ein Feuer in Gang halten müssen, um nicht zu frieren. Es werden systematisch in Bäume Kerben geschlagen, so daß diese absterben und dann als Brennmaterial verwendet werden können. Dabei ist der Ruwenzori gerade ein Beispiel dafür, daß der Berg- und Trekkingtourismus dazu beiträgt, den Nationalpark Ruwenzori zu finanzieren. Die einheimischen Bakonjo werden durch die Einnahmen aus dem Tourismus so weit entschädigt, daß sie den Wald nicht mehr weiter zur Gewinnung von Anbaufläche abholzen.

Skitourengehen im Winter (oben) und Bergwandern (unten) im Sommer sind ideale Möglichkeiten, sich auf große Trekkingtouren vorzubereiten.

2 PHYSISCHE UND PSYCHISCHE VORAUSSETZUNGEN

2.1 Fitneß

Damit die Trekkingtour auch wirklich zum Erlebnis wird, ist eine bestimmte körperliche Leistungsfähigkeit notwendig. Diese muß man sich schon vorher aneignen und nicht erst im Zuge der Tour. Wer ohne die nötige Kondition in eine Trekkingtour geht, fällt nicht nur den anderen zur Last, sondern er gefährdet sich vor allem selbst. Mangelnde Kondition kann in kritischen Situationen zur raschen Erschöpfung führen. Außerdem ist der trainierte Mensch wesentlich widerstandsfähiger gegen Unbilden des Wetters wie Sturm, Kälte oder Hitze.

Wer ohne ausreichende Kondition eine Trekkingtour unternimmt, handelt unverantwortlich. Er gefährdet die Gruppe und sich selbst.

Der untrainierte Trekker beraubt sich selbst der Erlebnismöglichkeiten, die ein Trekking bietet. Er wird ständig mit seinem Körper kämpfen und keinen Blick haben für die Landschaft, durch die er geht. Nur mit der entsprechenden Fitneß entsteht der nötige Freiraum für geistige Erlebnisse und Erfahrungen. Diese körperliche Grundvoraussetzung muß man sich durch Training zu Hause erwerben.

2.2 Training

Trekking ist ein Ausdauersport, und folgende Sportarten sind deshalb zur Vorbereitung besonders geeignet:

Laufen, Skilanglauf, Skitourengehen, Bergwandern, Bergsteigen, Radfahren, Schwimmen.

Das Training sollte kontinuierlich gesteigert werden, um die Leistungsfähigkeit Schritt für Schritt zu erhöhen.
Bergwandern, Bergsteigen und Skitourengehen sind besonders zu empfehlen, weil man dabei nicht nur die Ausdauer und Leistungsfähigkeit des Kreislaufes forciert, sondern gleichzeitig andere wichtige Voraussetzungen für das Trekking schult. Man lernt dabei, sich im Gelände zu orientieren, sammelt Erfahrung mit objektiven Gefahren wie Steinschlag, Lawinen, Gewitter und dergleichen. Die Wahl des richtigen Lagerplatzes, die sicherste Route, Biwak... alles Dinge, die auch im Trekking eine Rolle spielen. Außerdem fördert jede Tour die Trittsicherheit im weglosen Gelände. Bergsteigen oder das Begehen von Kletterstei-

gen ist eine gute Möglichkeit, Ausgesetztheit zu erfahren und dadurch Ängste abzubauen. Das kann in Extremsituationen, die bei anspruchsvollen Trekkings auftreten können, sehr nützlich sein. Dann zum Beispiel, wenn es gilt, schwindelerregende Pfade zu begehen, oder schwankende Hängebrücken zu überqueren, wie das in Nepal immer wieder gefordert ist.

Jede Erfahrung ist wertvoll und hilft zu richtigem Verhalten bei gefährlichen Situationen. Das gilt nicht nur für denjenigen, der ein Trekking selbst organisiert und allein oder mit ein paar Freunden loszieht, sondern hat auch für alle Bedeutung, die sich einer organisierten Gruppe anschließen.

Jeder Trekker, auch derjenige, der sich einer organisierten Gruppe anschließt, sollte über ein Mindestmaß an Erfahrungen und über Grundkenntnisse in bezug auf Orientierung, Wetter und Biwak verfügen.

Ich halte es nämlich für gefährlich, sich blind auf einen Führer und die vermeintliche Sicherheit einer Gruppe zu verlassen. Es kann durchaus vorkommen, daß man die Gruppe einmal verliert, und dann ist man plötzlich auf sich allein gestellt. In einer solchen Situation hilft nur mehr die eigene Erfahrungswelt, das Wissen und die Instinkte, die man einmal erworben hat. Als warnendes Beispiel könnte die Situation in den Alpen angeführt werden. Die enorme Erschließung durch markierte Pfade und Wege verführt viele dazu, sich blind auf künstliche Orientierungshilfen zu verlassen. Geraten sie einmal von den Markierungen ab, kommt es oft zu katastrophalen Unfällen, weil es an jeglicher alpiner Erfahrung und an Grundkenntnissen fehlt.

Da Trekking überwiegend Gehen bedeutet, seien hier noch ein paar Gedanken dazu angefügt. Gehen ist eine animierende Bewegung, aber das richtige Gehen will gelernt sein. Gehen zwingt einen, ganz und gar in der Gegenwart zu sein, ansonsten wird man permanent leiden. Wer ständig nach vorne schaut, irgendeinen entfernten Punkt des Weges anpeilt, weil man immer schon weiter sein will, als man ist, wird leiden. Wenn man imstande ist, sich ganz und gar dem Zustand des Gehens hinzugeben, wird man die körperliche Anstrengung kaum spüren, und der Kopf wird leer für Erfahrungen ganz anderer Art.

In Tibet gab es Mönche, die mit Hilfe einer Yoga-Technik weite Strecken in hohem Tempo und ohne Nahrung zurücklegen konnten. Solche »Trance-Läufer« wurden mehrfach von europäischen Forschern beobachtet.

In ähnliche Bewußtseinsphänomene geraten Langstreckenläufer, die ebenfalls weite Strecken in gleichbleibendem Rhythmus zurücklegen. Auch Höhenbergsteiger erzählen von ähnlichen Phänomenen, in denen sich gewissermaßen Geist und Körper trennen.

Damit sind wir in den geistigen Bereich im Trekking hineingekommen, zu den psychischen Voraussetzungen.

2.3 Das Abenteuer beginnt im Kopf

Das Abenteuer beginnt zwar im Kopf, aber dann muß die Tat folgen. Am Anfang steht immer die Idee, daraus entwickelt sich ein Plan und zuletzt der konkrete Entschluß. Neugier und Begeisterung sind die größten Motivationen.
Neben der körperlichen Vorbereitung, dem Training zum Aufbau einer guten Kondition, steht gleichzeitig die geistige Vorbereitung. Das Studium der Literatur, das Wissen über die, die vor einem da waren, das Einlesen, gefühlsmäßige Einstimmen ist wesentlich. Die vorherige Beschäftigung mit dem Land, den Menschen und ihrer Kultur, trägt zum besseren Verständnis bei, es hilft den Blick zu schärfen und nicht nur das Oberflächliche wahrzunehmen. So viel als möglich schon vorher zu wissen, tötet keineswegs die Neugier, es kann sie eher noch verstärken.

2.4 Trekkingpartner

Wer sich einer organisierten Tour anschließt, hat keinen Einfluß auf die Wahl seiner Partner. In solchen zusammengewürfelten Gruppen sind Konflikte und Spannungen vorprogrammiert. Der Leiter und Führer wird mit seiner Erfahrung und Autorität versuchen, diese zu entschärfen und zu lösen.
Solche Situationen können aber genauso bei kleinen Gruppen von guten Bekannten und Freunden auftreten. Das ist einfach zu erklären. Bei solchen Touren setzt sich jeder einem Zustand aus, aus dem er nicht flüchten kann. Hier kann auch die übliche Maskerade, mit der viele im Leben herumlaufen, und das Rollenspiel nicht aufrechterhalten werden. Eine längere Tour ist wie ein psychischer Striptease. Wenn diese Aggressionen und Konflikte nicht gelöst werden, führt das zu unerträglichen Spannungszuständen und Auseinandersetzungen, die sich auf das Klima und natürlich negativ auf das ganze Unternehmen auswirken. Die Wahl der richtigen Partner ist also ein wichtiger Punkt, aber längst keine Gewähr, daß an Ort und Stelle auch wirklich eitel Wonne herrscht. Harmonie am Biertisch heißt noch lange nicht, daß dies auch auf der gemeinsamen Tour der Fall sein wird.

3 AUSRÜSTUNG

3.1 Einführung: Gewicht und Funktionalität

Wie ein roter Faden wird sich die Frage nach Ihrem persönlichen Trekkingziel durch das Kapitel Ausrüstung ziehen. Ob man nun durch die Wüste, den Dschungel, das Eis, die Wälder zieht, mit Fahrrad, Boot oder zu Fuß unterwegs ist – so verschieden ist auch die Ausrüstung.
Eine Menge Fragen sind vor der Kaufentscheidung zu beantworten. Sind Sie alleine unterwegs? Wer trägt die Last? Kamele, Yaks, Träger, Sie selbst? Welche Witterungsverhältnisse können auftreten?
Der Strandcamper in Griechenland stellt andere Anforderungen als der Trekker im Himalaya oder auf Borneo.

Im allgemeinen hat man auf den Reisen viel zu viel an Gepäck mit. Wer es schafft, zu minimieren und eventuell zu improvisieren, für den gewinnt jede Unternehmung eine zusätzliche Dimension.

Kaufen kann man in diversen Ausrüstungsläden praktisch alles. Genau abzuwägen, was man wirklich braucht, ist eine Erfahrungssache und Vertrauenssache dem Verkäufer gegenüber. Der, der seine Ausrüstung selbst am Rücken schleppt, tut sich selbstverständlich leichter bei der Auswahl.
Wenn andere die Ausrüstung tragen, ist man eher versucht Reserven einzubauen (spätestens am Flughafen beim Einchecken wird die Rechnung präsentiert).
Allerdings soll die Sparsamkeit, sowohl was den Einkauf als auch das Gewicht betrifft, nicht auf Kosten der Sicherheit gehen.
Nehmen Sie sich Zeit. Beginnen Sie sich früh genug zu informieren. Die Verkäufer in den Ausrüstungsläden waren großteils selbst in den Ländern der Erde unterwegs und haben einen unbezahlbaren Erfahrungsschatz. Fragen Sie, diskutieren Sie und wenn möglich testen Sie.
Unterschätzen Sie nicht den Beitrag richtiger Ausrüstung zum Gelingen Ihrer Trekking-Reise.

3.2 Schuhe

3.2.1 Anforderungen

Wie kann man heiße, brennende Fußsohlen, blutige Blasen und aufgeschundene Knöchel vermeiden?
Diese Frage stellt sich jedem, der selbst bei kleinen Wanderungen in

heimatlichen Gefilden mit den oben genannten Beschwerden konfrontiert worden ist. Auf großer Tour kann die Reise zur Tortur werden, denn man hat nicht immer die Möglichkeit Schuhe zu wechseln oder einige Rasttage einzuschalten, um den Füßen Erholung zu gönnen.

Das neueste Modell, das beste Material, die tollste Optik – das alles nützt nichts, wenn die Paßform nicht stimmt. Das oberste Kriterium bei Schuhen ist die **Paßform.**

Der Schuh muß schon im Geschäft passen. Druckstellen müssen vor der ersten Wanderung ausgeräumt werden – sonst ist ein blutiges Ende (»Ferse«) vorausprogrammiert. Bei keinem anderen Ausrüstungsgegenstand ist die Notwendigkeit, sich Zeit zum Anprobieren zu nehmen, so gegeben, wie bei den Schuhen.
Total wasserdicht mit gleichzeitiger Luftzirkulation, griffige Sohle, leicht und trotzdem robust, mit Fußbett und natürlich bequem soll unser Trekking-Schuh sein. Außerdem muß ich ihn sowohl bei einer Sightseeingtour als auch im extremen Gelände, d. .h. Berg, Schnee, Matsch ... tragen können.
Somit sind wir beim Anwendungsbereich, der sich nach Ihrem Reiseziel richtet, angelangt. Auch hier sind Kompromisse angesagt. Der Hauptunterschied liegt in den Sohlen sowie im Schaft.

3.2.2 Unterteilung

Trekkingschuhe, die einem festen Halbschuh ähneln, eignen sich für leichte Wanderungen, Globetrotter- und Rucksackreisen.
Trekkingschuhe für den ernsten Einsatz haben eine griffigere Sohle, sind etwas schwerer und bieten einen guten Schutz im Knöchelbereich gegen das Umkippen.
Bergschuhe benützt man beim Gehen und Klettern im schweren Gelände (gegebenenfalls mit Steigeisen).
Hochtourenstiefel aus Kunststoff werden zum Gehen und Klettern (vor allem mit Steigeisen) im Hochgebirge verwendet. Sie sind keinesfalls Wander- oder Trekkingschuhe.

3.2.3 Materialien

Obermaterial: Man unterscheidet Schuhe aus Leder und Schuhe aus Nylon bzw. Cordura.
Leder ist das klassische Material für den Bergschuh. Ein Top-Lederschuh hat natürlich ein entsprechendes Gewicht.
Der »synthetische« Trekkingschuh zeichnet sich somit durch geringes Gewicht aus, ist aber weniger robust.
Leder ist ein Naturmaterial, reguliert in gewissen Grenzen Temperatur-

Beim Schuhwerk für den Einsatz im anspruchsvollen Gelände ist vor allem auf eine gute Stabilisierung des Knöchelbereiches sowie ausreichende Fersendämpfung zu achten.

und Feuchtigkeitsausgleich, paßt sich der individuellen Fußform an und bleibt bei entsprechender Pflege robust.
Bezüglich Lederqualität ist man den Herstellern ausgeliefert, denen man aber im großen und ganzen trauen kann, daß gutes Material verwendet wird.
Wer in warme, trockene oder tropische Gebiete reist, und einen leichten, festen Reiseschuh benötigt, der ist mit Schuhen aus Polyamidfasern (Nylon oder das robustere Cordura) besser bedient. Strapazierfähig, leicht und luftig (wenn nicht beschichtet) sowie schnelles Trocknen sind die Hauptvorteile.
Durch Beschichtung mit Polyurethan wird meist ein Gummistiefeleffekt erzielt: nichts kann rein – nichts kann raus. Ein längerer Fußmarsch im eigenen Saft ist höchst unangenehm. Leder ist, bei entsprechender Pflege, beinahe wasserdicht.
Das Schuhmaterial soll im Idealfall Wasserdampf von innen nach außen leiten – umgekehrt aber nichts nach innen lassen. GORE-TEX, SYMPATEX oder CLIMA-TEX erhöhen die Wasserdampfdurchlässigkeit sehr, bilden trotzdem aber nur einen Kompromiß.
Für das Funktionieren der Atmungsaktivität ist ein Temperatur- und Feuchtigkeitsunterschied zwischen Innenschuh und Umgebung notwendig.

Innenschuh: Von allen Seiten wird der Fuß vom Futtermaterial umgeben, das vor allem schweißsaugend und dem Fuß angepaßt sein soll.

Leder ist am besten, und das »Leder-feeling« unvergleichlich.

Das langsamere Trocknen ist ein Nachteil.

Sohle: Je härter und extremer der Einsatz, desto steifer die Sohle. Eine Dämpfung in Form eines Dämpfungskeils oder Dämpfungsabsatzes gehört zur Norm, weil die Hauptbeanspruchung im Knie liegt und im Fersenbereich wirkt.
Die höchste Abriebfestigkeit der Laufsohle ergibt sich durch eine Gummimischung mit hohem Kautschukanteil bei Zusatz von Ruß (schwarze Streifen). Daran erkennt man die gute Qualität der Sohle. Sohlen aus PU oder synthetischem Gummi sind wegen der kurzen Lebensdauer nicht empfehlenswert.
Das Profil selbst soll griffig sein, eine hohe Reibung aufweisen und abriebfest sein.

Fußbett: Die Innensohle muß herausnehmbar sein, da sie dann leichter trocknen kann und austauschbar ist. Sie sollen zudem Ihre persönliche orthopädische Einlage verwenden können.
Probieren, probieren und nochmals probieren – die Paßform ist das entscheidende Kriterium. Den Einsatzzweck entscheidet meist das Reiseziel. Das Design ist das absolut unwichtigste Kriterium.

3.2.4 Schuhpflege

Eine regelmäßige Pflege ist absolut unumgänglich. Sie werden die Schuhe mit Liebe behandeln, wenn Sie »Ihren« Schuh gefunden haben und ihm herrliche Erlebnisse verdanken. Nicht nur einmal wurden Schuhe zum Verhängnis eines ganzen Unternehmens.
Neue Schuhe haben eine werksmäßige Imprägnierung, trotzdem sollten Sie sie vor dem ersten Einsatz mit Schuh- und Pflegemitteln behandeln.
Schuhe nicht an der Heizung oder an der Sonne trocknen, da vor allem Leder spröde wird und bricht. Gut auslüften und stark verschmutzte Schuhe vor dem Trocknen reinigen.

Bei längeren Unternehmungen ein Reservepaar nicht vergessen.

3.3 Der Rucksack

»Wer die Last trägt, weiß, wo sie drückt.« (Nepalesisches Sprichwort)

3.3.1 Allgemeines

Ob Sie Ihre Utensilien tragen oder schleppen, und das im wahrsten Sinne des Wortes, hängt nicht nur von Ihrer Kondition, sondern auch zum großen Teil von der Anatomie und Konstruktion Ihres Rucksacks ab.

Sowohl in der Anatomie als auch in der Bewegung sollen Mensch und Rucksack eine Einheit bilden.

Denken Sie beim Kauf an die vielen Stunden und Kilometer, die Sie mit dem Rucksack am Rücken verbringen werden. Nehmen Sie sich Zeit und testen Sie, wenn möglich mit bis zu 20 kg Zuladung. Der Tragekomfort bzw. die Paßform sind die wichtigsten Kriterien.
Die Traglast darf nicht nur allein an den Schultern hängen, sondern sie muß auf der Hüfte aufliegen – 50 bis 70 Prozent tragen die Beckenknochen. Voraussetzung dafür ist eine Versteifung des Rucksacks, sei es nun durch ein äußeres Gestell oder ein eingearbeitetes Innengestell.

3.3.2 Außengestellrucksäcke

Außengestellrucksäcke werden dann verwendet, wenn es darum geht, schwere und sperrige Ausrüstung durch das Gelände zu tragen. Es sollte die Möglichkeit bestehen, den Packsack vom Tragegestell zu trennen, um große Gegenstände, z.B. vom Boot zur Hütte, zu tragen. Dazu ist der Lastenbügel am unteren Ende des Gestells von enormem Vorteil.
Ein Nachteil ist die fixe Rückenlänge des Traggestells. Einige Hersteller haben dem Rechnung getragen und bieten Traggestelle für verschiedene Rückenlängen an.
Dieses Problem ist am besten durch den Kunststoff-Schalenrahmen gelöst, der anatomisch dem Rücken angepaßt ist und das Tragen von wissenschaftlichen Geräten, Film- und Fotoausrüstung sehr erleichtert. Die Außengestellrucksäcke lassen sich zudem sehr gut auf Tragetieren festschnallen.

3.3.3 Innengestellrucksäcke

Meistens verwenden Trekker und Bergsteiger einen Rucksack mit eingebautem Innengestell. Die Versteifung des Rucksackrückens wird durch eingearbeitete flache Aluminiumstäbe oder Alubänder erreicht.

Der beste Rucksack ist der, der ohne viel Verstellerei exakt auf dem Rücken bzw. auf der Hüfte, nicht aber auf der Taille sitzt.

Der Hüftgurt bestimmt die Lage des Rucksacks auf dem Rücken. Der Gurt muß stramm um die Hüftknochen sitzen. Die Schultergurte sind bei den meisten Herstellerfirmen anatomisch geformt, d.h., daß auch im schwierigen Gelände die Bewegung im Schulterbereich nicht eingeschränkt wird.

3.3.4 Rucksackmaterial

Aus Nylon in allen Qualitätsstufen sind die meisten Rucksäcke genäht. Nylon ist außerordentlich reiß- und scheuerfest.
Die Beschichtung an der Innenseite besteht aus ein bis zwei Lagen Polyurethan. Diese kann im Laufe der Zeit abgescheuert werden.
Nahtlöcher und Reißverschlüsse sind die Schwachstellen. Um wirklich regenundurchlässig zu sein, wird über den Rucksack eine Regenhülle gegeben.

3.3.5 Das richtige Packen

Wichtig ist, daß das Hauptgewicht, also die schweren Ausrüstungsgegenstände, nah und hoch am Körper liegen.

Im allgemeinen wird am Boden des Rucksacks der Schlafsack und die Kleidung, darüber schwerer Proviant, Küche und Zelt, in den Deckeltaschen Kleinkram und Regenzeug, außen Zeltgestänge und Isoliermatte verpackt. Das ist nur eine sehr grobe Anleitung.

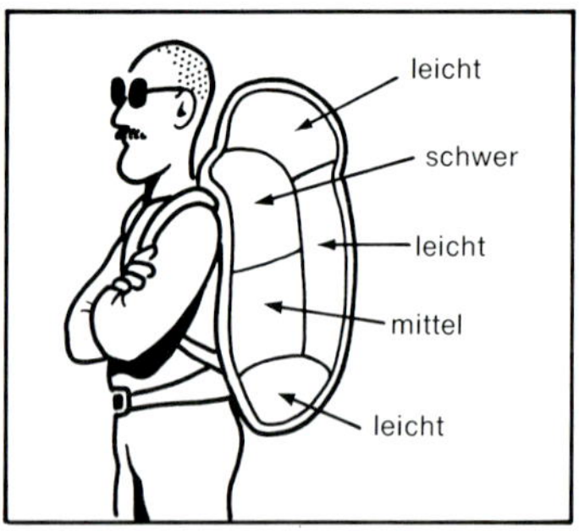

*So wird ein **Rucksack** optimal gepackt: die schweren Teile nahe am Rücken, die leichteren Teile nach außen und oben.*

Probieren Sie vor Reiseantritt das Packen und machen Sie dann eine Wanderung. Sie werden sehen, daß Sie keineswegs beim erstenmal mit Ihrer Packweise zufrieden sind.
Seien Sie konsequent beim Packen, dann finden Sie auch im Dunkeln das gesuchte Stück.
Bei Reisen in feuchte Gegenden empfehlen sich wasserdichte Packsäkke, vor allem für Schlafsack und Reisekleidung.

3.3.6 Nützliche Hinweise

Bei einer Reise mit dem Flugzeug oder Bus ist es vorteilhaft, alle Bänder und Schnallen festzuzurren oder gegebenenfalls mit einem Klebestreifen zu fixieren.

Außengestell- oder Innengestellrucksack – die optimale Einstellung des Schultergurtes ist in jedem Fall der wichtigste Bestandteil des Tragekomforts.

Ideal sind Transportsäcke in der klassischen Form eines Seesacks, da sie während der Tour als Vorrats- oder Tragesäcke Verwendung finden. Sie können auch eine Regenhülle als Reiseschutz verwenden. Die Regenhülle gehört zur Standardausrüstung, weil der Rucksack nie hundertprozentig wasserdicht ist. Eine Doppelfunktion einmal als Regenschutz, einmal als Schutz vor Öl und Verschmutzung, ist somit gegeben.

3.3.7 Reise- und Kofferrucksäcke, Container

Reise- und Kofferrucksäcke eignen sich nicht für Trekkingunternehmungen in unserem Sinne. Sie sind zwar geeignet zum Tragen am Rükken vom Flughafen bis zur nächsten Bushaltestelle, halten aber den harten Anforderungen in den Wäldern oder in der Wüste im allgemeinen nicht stand.
Hundertprozentig wasserdicht, staubdicht und ideal zum Transportieren von zerbrechlichen oder feuchtempfindlichen Dingen sind die Rucksackcontainer. Die große Deckelöffnung erleichtert das Packen sehr. Auch kann man die Container ideal an Tragtieren befestigen.
Das hohe Eigengewicht und der ungenügende Tragekomfort sind Nachteile; aber vor allem bei größeren Expeditionen sind diese Tonnen nicht mehr wegzudenken.

3.4 Das Zelt

Jeder, der bei Schlechtwetter an ein Zelt gefesselt war, weiß um den Wert eines guten Zeltes.

Wie bei jedem Ausrüstungsgegenstand muß man einen Kompromiß zwischen Komfort, Gewicht, Stabilität, Packmaß und Preis schließen. Vor allem muß man sich über den Verwendungszweck im klaren sein. So kann z.B. ein Hochlagerzelt beim Höhenbergsteigen ideal sein, beim Trekking im Norden, vor allem bei Regenwetter, aber zu einem physischen und psychischen Gefängnis werden. Gebräuchlichste Zeltform für Trekker ist das dem Iglu nachempfundene Kuppelzelt mit zwei großen Apsiden (siehe Abbildung Seite 28).

3.4.1 Winterzelte

Winterzelte sollen so einfach aufzubauen sein, daß dies auch mit Handschuhen möglich sein muß.
Das Überzelt soll extrem weit über das Innenzelt reichen. Diese weiten Überlappungen nennt man *Snowslaps.* Beiderseitige geräumige Apsiden garantieren die Aufnahme des Gepäcks, das im Winter sicherlich umfangreicher ist. Außerdem kann eine Apsis zum Kochen verwendet werden. Beste Materialien sind vorausgesetzt. Wenn hohe Windgeschwindigkeiten zu erwarten sind, haben sich lange Abspannschnüre bewährt, um die Heringe im besten Winkel plazieren zu können.
Starkes Gestänge und kräftige Reißverschlüsse haben schon oft Unannehmlichkeiten erspart.

3.4.2 Zelte für Schlechtwettergebiete

Das Gestänge verläuft im Außenzelt, das hat einen großen Vorteil beim Aufbau im Regen. Das Innenzelt ist nicht dem Wetter ausgesetzt und bleibt beim Aufbau unter dem Außenzelt trocken. Auch hier sind große Apsiden für Gepäck und Kochen von Vorteil, gute Belüftung ist wichtig. Nicht nur beim Kochen, auch sonst soll eine gute Ventilation der Kondenswasserbildung entgegenwirken. Nähte sind Problemzonen, vor allem beim Außenzelt – Mindestabstand Außen- zu Innenzelt mindestens 10 cm. Eine hochgezogene Bodenwanne, vor allem bei den Eingängen, verhindert den Wassereintritt von unten.

3.4.3 Zelte für warme Gebiete

Das Zelt ist so konstruiert, daß das Gestänge das Innenzelt trägt und ohne Heringe steht. Somit kann man an heißen Tagen das Innenzelt allein verwenden. Die großen Belüftungsschlitze für gute Ventilation sollen mit Moskitonetzen überspannt sein. Bei plötzlichem Wetterumschwung muß das Überzelt rasch und problemlos zu montieren sein. Da es nicht ganz zum Boden reicht, hat man eine zusätzliche Belüftung. Helle Farben reduzieren das Aufheizen durch die Sonne.

3.4.4 Materialien und Verarbeitung

3.4.4.1 Außenzelt

Baumwolle wird selten verwendet, weil das Gewebe nicht so reißfest ist und nicht verrottungssicher, obwohl es Regenwasser aufnimmt, ohne zu tropfen (Nachimprägnierung).
Nylon (Polyamid): scheuerfest, reißfest und verrottungsfrei. Bei Regen dehnt sich Nylon, was ein Nachspannen unumgänglich macht.
Polyester ist sehr leicht, dehnt sich nicht aus, und die Wasseraufnahme ist gleich null. Durch Aluaufdämpfung erreicht man gute Werte bei der Sonnenreflexion. Störend ist das laute Flattergeräusch bei Wind.
Zeltboden: stärker als das Außenzelt-Material, besser beschichtet und soll mindestens 2000 mm Wassersäule dauerhaft aushalten.

> Wasserdichtes Außenzelt und atmungsaktives Innenzelt – eine ideale Kombination.

Atemluft und Körperdunst verursachen Feuchtigkeit, die durch das Innenzelt entweicht, am Außenzelt kondensiert und abläuft.
Einwandige Zelte verursachen ungewollte Duschen bei jeder Zeltübernachtung.
Um Regendichtheit zu gewährleisten, müssen Nylon- und Polyestergewebe des Außenzeltes beschichtet werden. PVC- und Acrylbeschichtung brechen bei Temperaturen unter dem Nullpunkt und lösen sich ab. Polyurethan und Silikon haben sich sehr bewährt. Silikon erhöht zudem die Reißfestigkeit enorm.

3.4.4.2 Innenzelt

Baumwolle ist oft stark mit Chemie behandelt, um die natürlichen Nachteile wie Schimmel zu verhindern. Aus diesem Grund wurde ein Mischgewebe (50% Baumwolle und 50% Polyester) entwickelt. Dadurch ist eine bessere Abgabe und Aufnahme von Feuchtigkeit gewährleistet. Nylon bindet kaum Feuchtigkeit, ist extrem leicht und »atmet«.

3.4.4.3 Zelt-Verarbeitung

Am besten wären keine Nähte. Bei Kappnähten werden beide Teile ineinander verhakt: die Naht läuft durch vier Stoffschichten. Bei der Doppelkappnaht wird eine zusätzliche Naht angebracht – eine optimale Lö-

Die Idealform des Trekkingzelts ist das Kuppelzelt, dem Iglu der Eskimos nachempfunden.

sung. Als Nähmaterial dient Baumwolle, die mit Polyesterfäden umsponnen wird.
Mit einem Nahtdichter (Silikon-Paste) kann man gegebenenfalls Außenzelt- und Bodennähte noch beschichten. Erhält die Lebensdauer des Zeltes bei oftmaligem Gebrauch.

3.4.4.4 **Gestänge**

Glasfiber-Stangen (hohl) garantieren schnellen Aufbau, da sie oft durch Gummibänder verbunden sind. Gute Qualitäten sind sehr flexibel, ohne zu brechen.
Massive Glasfiber-Stangen (bei billigen Zelten) sind nicht durch Gummibänder verbunden und umständlich im Aufbau.
Spezielle Aluminiumlegierungen sind leichter und steifer als Glasfaser. Eloxiertes Gestänge klebt bei großer Kälte nicht. Kohlefaser-Gestänge ist extrem leicht, außerordentlich bruchfest und flexibel. Empfindliche Kanten an den Enden gelten als Nachteil.

3.4.5 Pflege des Zeltes

Schon beim Aufbau des Zeltes sollte man achten, daß keine Steine, Dornen oder Ästchen den Zeltboden durchlöchern. Kleinere Schäden flickt man selbst mit »Repair Tape«, größere können nur in Fachwerkstätten oder beim Erzeuger bzw. Händler behoben werden. Defektes Gestänge wird mit einer Reparaturhülse geschient. Waschen nur mit milder Seifenlauge. Aufbewahrung nur in absolut trockenem Zustand.

3.5 Der Schlafsack

3.5.1 Allgemeines

Wenn man bedenkt, welche Bedeutung dem Schlafsack als Regenerator, sowohl physisch als auch psychisch zukommt, muß man sich doch ein wenig genauer mit dem oft unterschätzten Ausrüstungsstück beschäftigen.
Vor allem müssen Sie sich über den Einsatzbereich Ihres Schlafsackes im klaren sein, um dann die richtigen Anforderungen an das »gute Stück« stellen zu können. Ganz generell könnte man den idealen Schlafsack folgendermaßen beschreiben:

- komfortabel
- warm in allen Temperaturbereichen
- leicht
- auf ein Minipackmaß komprimierbar

Das heißt, ein sinnvoller Kompromiß ist angesagt.

Achten Sie beim Kauf auf die oft abenteuerlichen Temperaturangaben des Herstellers.

Das Kälteempfinden ist individuell, ich meine damit, der Extremtemperaturbereich bedeutet Überleben, weit entfernt vom Komfort.

Nicht jeder hat Yogi-Fähigkeiten und versteht es, mit Kälte umzugehen. Je größer die Erschöpfung, desto schneller und intensiver kriecht die Kälte in den Schlafsack.

3.5.2 Füllmaterialien

3.5.2.1 Die Daune

Der Daunenschlafsack wird dann benötigt, wenn man geringstes Packmaß und minimales Gewicht verlangt, dabei beste Isolierwerte und großen Schlafkomfort verlangt. Unumgänglich aber ist ein optimaler Schutz gegen Feuchtigkeit, denn darin besteht der einzige Nachteil der Daune. Bei längeren Unternehmungen in feuchtschwülen Gegenden oder auf See kann es leicht zum Verkleben oder gar zur Beschädigung der Daune kommen.
Die Daune ist ein reines Naturprodukt. Feinste Verästelungen, die strahlenförmig vom Daunenkern ausgehen, bilden Lufteinschlüsse, die die Wärme speichern. Das geringe Packmaß ist darauf zurückzuführen, daß die Luft beim Zusammenpressen entweicht. Daune ist nicht gleich Dau-

ne. Die Qualität ist abhängig von der Herkunft der Tiere und dem Reinigungsgrad.
Erst ausgewachsene Tiere ab dem siebten Monat liefern beste Daunen- und Federqualität. Daunen haben nur wenig Eigenstabilität und können deshalb nur in Verbindung mit kleinen Federchen verarbeitet werden. Je größer der Daunenanteil, desto bessere Isolierwerte, aber die Verschleißfähigkeit leidet darunter. Hochleistungsschlafsäcke haben z.B. zwischen 70 und 80% Gewichtsanteil Daune sowie 20 bis 30% Gewichtsanteil Stützfederchen. Strapazierschlafsäcke im Ganzjahresbereich sollten mindestens 50 bis 60% Daune enthalten.

3.5.2.2 **Kunstfaser**

Der Hauptvorteil der Kunstfaser-Schlafsäcke ist die Unempfindlichkeit gegen Feuchtigkeit und die Robustheit bei schlechter Behandlung. Sie haben aber ein weit höheres Packmaß und eine nicht ganz so hohe Atmungsaktivität und Weichheit.
Die Füllungen von diversen Chemiekonzernen zeigen qualitativ keine großen Unterschiede.
Die Polyesterfaser hat eine rauhe Oberfläche: die einzelnen Fäden können daher leicht ineinander verhaken und sich so nicht mehr aufbauschen. Um das zu verhindern, werden die Fasern mit einer glatten Silikonoberfläche ummantelt. Je aufwendiger das Verfahren der Beschichtung, desto länger bleibt die Bauschfähigkeit. Am meisten werden folgende Fasern verwendet: Quallofil, Hollofil, Polarguard.

Ein guter Schlafsack ist einer der wichtigsten Ausrüstungsgegenstände bei einer Trekkingtour. Qualität ist entscheidend. Wer Billigprodukte wählt, kann bei der Tour böse Überraschungen erleben.

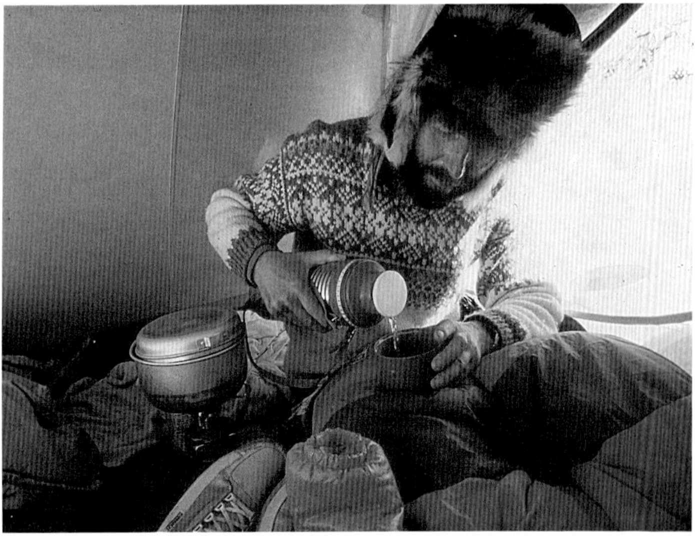

3.5.3 Bezüge

Außen- und Innenbezüge sollen Daunen oder Kunstfasern in deren Hülle enthalten. Als Außenmaterial wird aus Gewichtsgründen fast nur Nylon verwendet. Auch als Innenbezug wird luftdurchlässiges Nylon verwendet, da Baumwolle schwer ist, schnell verschleißt und leicht verschmutzt. Wer will, kann ein leichtes Baumwoll-Inlett verwenden.

3.5.4 Verarbeitung

Daß man die Füllung nicht einfach in einen Nylonsack steckt, versteht sich von selbst. Also wird das Füllmaterial in Kammern – Hohlräume, in denen sich das Isolationsmaterial befindet – genäht. Kältebrücken entstehen, wenn Außen- und Innenhaut direkt durchgenäht werden, was bei anspruchsvollen Schlafsäcken keineswegs vorkommen darf. Verschiedenste Kammersysteme versuchen diese Kältebrücken zu verhindern:

Durchgenäht

V-Kammern

H-Kammern

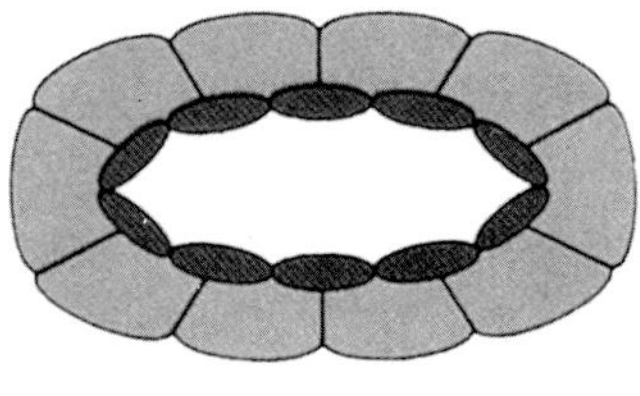

Radial-Doppelbox

Schrägkammern

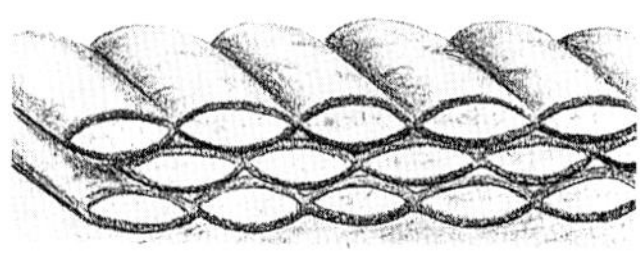

Dreilagig

3.5.5 Ausstattung

Abgedeckter Reißverschluß, der versucht, diese enorme Kältebrücke zu verhindern, extra Füllung im Fußbereich, Wärmekragen, Daunen-Nachfüll-System, koppelbar und Kapuze: das sind schon beinahe unverzichtbare Details. Um die Wärmeabgabe zu verhindern, ist der Mumienschlafsack sehr bewährt.

3.5.6 Pflege und Lagerung

Um das Füllmaterial zu schonen, sollten Schlafsäcke zwischen Ihren Unternehmungen trocken und sauber in einem großen, luftdurchlässigen Aufbewahrungsbeutel liegen. Auf keinen Fall dürfen Sie den Schlafsack im Kompressionsbeutel liegen lassen.

Lüften ist schonender als Waschen.

Ist der Schlafsack wirklich stark verschmutzt, halten Sie sich genau an die vom Hersteller angegebenen Waschvorschriften.

3.5.7 Die Isoliermatte

Durch das Körpergewicht wird der Schlafsack zusammengedrückt, so daß ein beträchtlicher Teil des Isoliervermögens verlorengeht. Eine zusätzliche Isolierschicht muß uns gegen die Bodenkälte schützen.
Außerdem kennt man nach einer durchwachten Nacht jedes Steinchen, auf dem man gelegen hat, persönlich, wenn man am Morgen mit krachenden und knackenden Gelenken versucht, eine halbwegs senkrechte Position einzunehmen.
Isomatten schützen nicht nur vor Kälte, sondern auch vor Schmutz und Nässe.
Absolut unpassend sind die herkömmlichen Luftmatratzen (keine Isolation, schwer, Handhabung). Besser sind die Leicht-Luftmatratzen, die aus bis zu 6 Kammern bestehen (da kann man schon mal auf eine verzichten). Das Luftvolumen und das Packmaß sind geringer.
Die am häufigsten verwendeten Schaumis sind aus PE-Schaum (Polyäthylen). Doch gibt es hier sehr große Preis- und Qualitätsunterschiede. Sie sollen reißfest und druckbeständig sein und kein Wasser aufnehmen.
Die ideale Kombination von Schaumstoffmatte und Luftmatratze sind die selbstaufblasenden Schaummatten. Seit man die Ventile im Griff hat, sind sie aus dem Leben eines Trekkers nicht mehr wegzudenken.

3.6 Der Kocher

3.6.1 Allgemeines

Unterwegssein bedeutet viel, nach einem kalten und feuchten Tag eine heiße Suppe oder eine Tasse Tee zu schlürfen, bedeutet alles.

Ob Sie nur etwas Warmes im Magen haben wollen oder ob Sie aufkochen wollen wie in einem Gourmet-Lokal, auf alle Fälle brauchen Sie

Gaskocher im Einsatz in Tibet. Das spezielle Gemisch des Outdoor-Gases hat auch in größerer Höhe und bei tiefen Temperaturen noch eine befriedigende Brennleistung.

einen Kocher, der auf Ihre Trekkingtour und auf Ihre Kochkünste abgestimmt ist.
Jede Konstruktion, jede Art des Brennstoffs, jedes Modell hat Vor- und Nachteile, über die Sie sich vor Antritt der Reise informieren sollten.

Improvisation ist alles. Mit Hilfe des chinesischen Benzinkochers, eines vor Ort angefertigten Metallgestells und der landesüblichen Pfanne (Wok) läßt sich gut und schnell kochen.

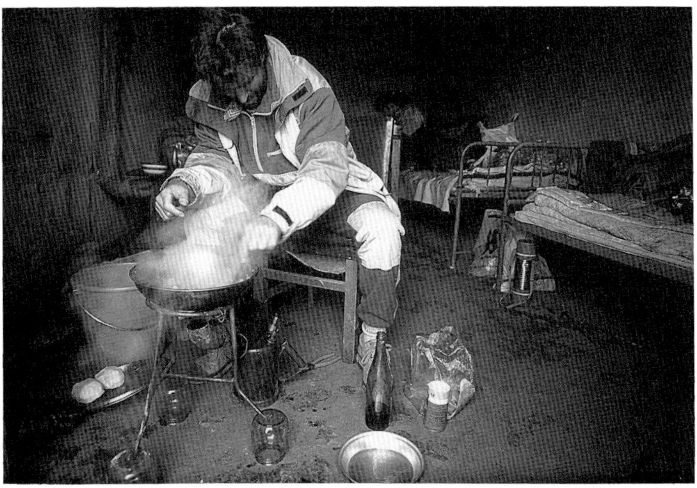

Aufwendige technische »Spielereien« erhöhen den Bedienungskomfort und erleichtern das Kochen, erhöhen aber die Reparaturanfälligkeit.
Das Kriterium schlechthin ist der Brennstoff:

- Benzin
- Gas
- Esbit
- Petroleum
- Spiritus

3.6.2 Kocher und Brennstoffe

3.6.2.1 Der Benzinkocher

Benzin als Brennstoff ist stark im Kommen. Die hohe Energieausbeute pro Gewichtseinheit wird nur mehr vom Gas übertroffen. Allerdings muß man darauf achten, daß man Waschbenzin (gereinigt von Schmierstoffen und Schwermetallen) oder spezielles Kocherbenzin verwendet. Normalbenzin von der Tankstelle kann die Gesundheit beeinträchtigen, und außerdem werden durch die Verrußung Düse und Generator in Mitleidenschaft gezogen. Trotzdem, Benzin kann man auf der ganzen Welt erhalten.
Grundprinzip: Aus dem Tank fließt das Benzin über ein Metallrohr (»Generator«), das entsprechend vorgeheizt werden muß, um das Benzin zum Verdampfen zu bringen, über eine Düse in den Brenner. Die meisten Kocher sind mit Pumpen ausgestattet, um Druck aufzubauen, der den Anzündevorgang und das Vorheizen erleichtert.

Achten Sie auf die Reinheit des Benzins, Düse und Generator werden es Ihnen danken.

Nach mehr oder weniger komplizierten Umbauten an Düse und Generator lassen sich auch schwerere Brennstoffe, wie etwa Kerosin, verwenden.
Zuviel Druck im Tank ergibt des öfteren beim Zündvorgang eine Stichflamme. Die Verwendung im Zelt ist grundsätzlich nicht zu raten, da alle Modelle mehr oder weniger rußen. Beim Füllvorgang soll man vorsichtig sein: *Nicht* in heiße Kocher einfüllen und auf die Unterlage achten (Schlafsack nicht ideal).

3.6.2.2 Der Gaskocher

Gaskocher sind wegen der einfachen Bedienung, der sauberen Verbrennung und der guten Leistung überaus beliebt.
Gaskartuschen kann man entweder direkt unter dem Kocher anbringen (Ansteckkartuschen) oder extern, d.h. die Kartusche (Ventilkartusche) wird mit einem Schlauch zum Kocher hin verbunden. Das hat den großen Vorteil, daß man angebrochene Kartuschen wieder abnehmen und

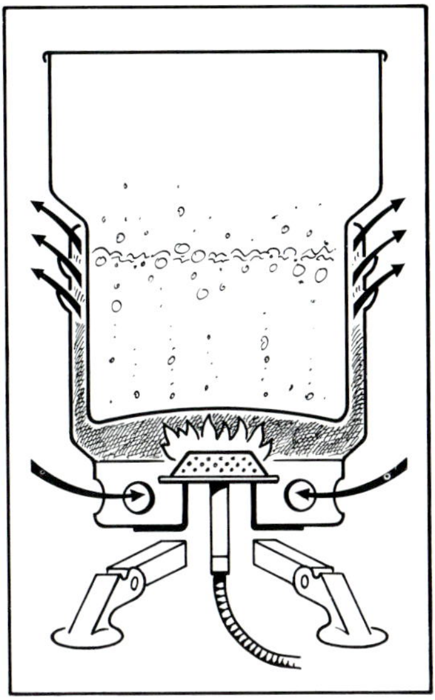

Schemazeichnung des Gaskochers »Markill Stormy«.

weiter verwenden kann. Ansteckkartuschen müssen aufgebraucht werden, außerdem leidet die Standfestigkeit des gesamten Kochers.
Als Flüssiggas wird handelsübliches Butan oder ein Butan-Propan-Gemisch eingesetzt. Reines Butangas ist bei Temperaturen unter dem Gefrierpunkt nur noch bedingt tauglich, während Butan-Propan-Mischgas bis –20 Grad wirksam bleibt.
Je höher der Propananteil (20 bis 40%), desto leistungsfähiger bleibt der Kocher auch bei tiefen Temperaturen.
Gaskartuschen in den hintersten Winkeln der Welt aufzutreiben, gestaltet sich ungleich schwieriger als bei Benzin.
Gaskocher lassen sich auch in der Zeltapsis verwenden, bei genügender Vorsicht, da es rückstandsfrei verbrennt.
Vorsicht: Offiziell dürfen Gaskartuschen nicht im Fluggepäck mitgeführt werden!

Nehmen Sie auf alle Fälle die leeren Kartuschen wieder mit!

3.6.2.3 Der Esbitkocher

Der Trockenbrennstoff Esbit, in Form von Würfeln angeboten, hat den niedrigsten Brennwert aller hier angeführten Brennstoffe. Trotz idiotensicherer Handhabung (Würfel anzünden) und einfachster Konstruktion des Kochers kann man den Esbitkocher für einen ernsthaften und langfristigen Aufenthalt »draußen« nur bedingt empfehlen.
»Überlebens-Künstler«, die mit geringstem Packmaß und Gewicht auskommen wollen, greifen öfter auf diesen einfachen Kocher zurück. Der Brennstoff Esbit ist im Ausland nur schwer zu bekommen. Er eignet sich jedoch hervorragend zum Vorheizen von Benzinkochern.

3.6.2.4 Der Petroleumkocher

Früher vor allem bei Polarexpeditionen verwendet, da Petroleum auch bei Tiefsttemperaturen noch voll funktionstüchtig ist.
Heutzutage wird der Petroleumkocher fast nicht mehr verwendet. Das hohe Gewicht des Kochers sowie der unangenehme Geruch des Petroleums, vor allem, wenn es im Rucksack ausgelaufen ist (da kann man alles wegwerfen), lassen diesen Kocher bald in Vergessenheit geraten.

3.6.2.5 Der Spirituskocher

Spiritus ist mit Vergällungsmittel versetzter reiner Alkohol (mit Vergällungsmittel versetzt deshalb, damit man nicht auf falsche Gedanken kommen kann).
Der Brennwert sinkt beträchtlich, wenn man bis zu 10% Wasser beimischt, um das Rußen bei der Verbrennung zu verhindern. Außerhalb Europas ist Spiritus schwer aufzutreiben. Aber er hat den Vorteil, daß man ihn hervorragend als Desinfektionsmittel verwenden kann.
Einfachste Handhabung (Spiritus in den Brenner schütten und anzünden) und unkomplizierte Konstruktion des Kochers sind Vorteile, die schlechte Regulierbarkeit der Flamme ein Nachteil.

3.6.3 Das Lagerfeuer

So romantisch es nun mal ist, um das lebende Feuer zu sitzen, bedenken Sie, daß es nicht überall gestattet ist.

Feuerholz ist in den klassischen Trekkingländern bereits Mangelware geworden.

Bitte denken Sie daran und vermeiden Sie es, ein offenes Feuer zu entfachen.

3.6.4 Tips

Je schwieriger und länger das Trekkingunternehmen, desto vielseitiger und zuverlässiger muß der Kocher, desto vertrauter sollen Sie mit dem Umgang und der Handhabung sein.
Vor allem beim Kochen in der Zeltapsis ist Vorsicht geboten. Nur erfahrener Umgang mit dem Kocher kann Sie vor dem schlimmsten bewahren. Für ausreichende Belüftung ist zu sorgen.
Ohne Windschutz taugt der beste Kocher nichts. Niedriger Schwerpunkt und ausklappbare Standfüße sind ein wesentliches Kriterium der Standfestigkeit.
Praktische Transportbeutel, ein kleiner Nachfülltrichter sowie eventuelle Ersatzteile vervollständigen die Ausrüstung.

In einer größeren Gruppe ist es angebracht, einen Zweiflammenkocher zu verwenden, um langen Wartezeiten (und somit kleinen Revolutionen) vorzubeugen.
Wenn Sie leere Gaskartuschen stören, müssen Sie sich für einen anderen Kochertyp entscheiden.

Leere Gaskartuschen in die Landschaft zu werfen, ist eine besondere Frechheit!

3.6.5 Kochgeschirr

Aluminium und Edelstahl stehen zur Auswahl, wobei der Trend der Zeit eindeutig Richtung Edelstahlgeschirr geht.
Das weiche und sehr leichte Aluminium leitet Wärme besser. Das Festkleben des Essens wird durch die rauhe Oberflächenbeschaffenheit des Aluminiums gefördert.
Edelstahl ist formstabil und abriebfest, aber schwerer. Durch eine geringere Wämeleitfähigkeit ermöglicht der Edelstahl eine gleichmäßigere Wärmeverteilung, sollte aber nicht überglüht werden.
Töpfe werden meist in Sets angeboten. Die Deckel der Töpfe sollte man möglichst als Pfannen verwenden können. Töpfe, Pfannen, Zangen und Teekessel kann man in allen möglichen Größen erwerben.
Mit kaltem Wasser abzuwaschen ist nicht ganz einfach, deshalb gehört auch ein kleiner Schwamm und ein in eine Filmdose abgefülltes Spülmittel zum Standard.

3.7 Bekleidung

3.7.1 Das Zwiebelprinzip – die Schichtkleidung

Man unterscheidet drei Schichten: Unterwäsche, Wärmeschicht und Wetterschutz.

Nur die konsequente Anwendung gewährleistet körperliches Wohlbefinden. Verschiedene dünne, aufeinander abgestimmte Schichten lassen die dicke Jacke vergessen. Je nach Witterung und Bedarf kann man die Bekleidungsteile aus- und anziehen.
Die Unterwäsche direkt auf der Haut ist der wichtigste Faktor. Das Unterwäsche-Material muß den Schweiß aufnehmen, abgeben und darf nie naß auf der Haut liegen, d. h. es muß schnell trocknen und wärmen.
Als Wärmeschicht-Material hat sich ohne Zweifel Fleece in allen Variationen und mehreren Lagen durchgesetzt. Der Feuchtigkeitstransport muß gewährleistet sein und an die Außenschicht weitergegeben werden.

Bekleidung – oder doch nicht?

Den Wetterschutz übernimmt die Außenbekleidung. Hierzu kann man hundertprozentig wasser- und winddichte Bekleidung verwenden – als spezielle Regenanzüge oder »atmungsaktive« Jacken, die den Wasserdampf des Körperschweißes nach außen lassen, Wasser und Wind abweisen. Trotzdem eignen sich diese Materialien eher als Regenschutz.

3.7.2 Anforderungen an Trekkingbekleidung

- Leicht bei niedrigstmöglichem Gewicht ist ein wichtiger Faktor für alle, die selbst tragen müssen
- Kleines Packmaß
- Luftig. Hitzestau im Anorak heißt Schmoren im eigenen Saft. Kompromißlos muß der Körper Luft zum Atmen haben. Dampf- und Luftdurchlässigkeit sind oberste Kriterien
- Pflegeleicht
- Funktional. Weite Schnitte, Kapuzen, Taschen – alles gut durchdacht und in der Praxis erprobt.

3.7.3 Bekleidungsschichten und deren Materialien

3.7.3.1 Unterwäsche

Naturfasern, wie z.B. Baumwolle, saugen Feuchtigkeit (Schweiß) auf und haben nur geringe Fähigkeit, diese an die Außenluft rasch weiterzuleiten. Unterwäsche aus Microfleece speichert keine Feuchtigkeit. Sie wird durch die Microfilamente von der Haut weg transportiert. Unendlich viele Luftkammern verteilen die Feuchtigkeit und ermöglichen eine rasche Verdunstung.

3.7.3.2 Wärmeschicht

Der Urvater des Fleece heißt Faserpelz, stammt aus Norwegen und war ursprünglich für Waldarbeiter und Seeleute gedacht. Von Schönheit war keine Rede. Robustheit und optimale Funktion waren gefragt.
Eigenschaften:

- Im Verhältnis zur Wärmeleistung sehr leicht
- Große mechanische Belastbarkeit
- Kleines Packmaß
- Ausgezeichnete Formbeständigkeit
- Pflegeleicht
- Guter Feuchtigkeitstransport
- Hervorragende klimatisierende Eigenschaften durch permanenten Austausch von Körperwärme und Außenluft
- Schutz nicht nur vor Kälte, sondern auch vor Wärme.

Was ist Fleece?
Unvorstellbar dünnes Polyestergarn, hergestellt von renommierten Chemiekonzernen, ist das Ausgangsmaterial. Fleecematerialien werden gestrickt, d.h. bei einem Gewebe werden zwei Fäden rechtwinkelig gekreuzt; bei einem Gestrick werden mit einem Faden Maschen aufgeschlagen und auf verschiedene Weise neue Maschen gebildet; bei einem Gewirk werden die Fäden in maschenförmigen Fadenschleifen verschlungen.
Beim Kauf sollten Sie beachten: Fleece pur ist am besten – Besätze aus Nylon, optische Bänder, gefütterte Taschen oder Krägen vermindern oft die ausgezeichneten Eigenschaften. Auf bequemen Schnitt, genügend Bewegungsfreiheit des Kragens und Abdeckleiste des Reißverschlusses ist zu achten. Die Bündchen sollen genauso schnell trocknen wie das Fleece. Die Taschen sollen so tief sein, daß auch die Handgelenke Platz finden.
Zips sollen eine Verlängerung haben, um auch mit Handschuhen bedient werden zu können. Flachnähte empfehlen sich gegen das Scheuern des Rucksacks.

3.7.3.3 Wetterschutz – Außenbekleidung

Die »Braut« des Trekkers ist seine Jacke.

Ganz gleich, ob für den harten Einsatz im Alltag (dort wird die Jacke ja am meisten verwendet) oder auf den Trekkingrouten der ganzen Welt. Ein Trekkingunternehmen ist keine Modenschau. Die Hersteller kämpfen am meisten mit dem Vorurteil, Mode und Funktionalität nicht unter einen Hut bringen zu können.

Wasserdichtheit ist meiner Meinung nach das Hauptkriterium. Der Oberstoff ist bei den guten (auch sehr teuren) Jacken wasserdicht – Schwachstellen sind Kapuzen, Taschen und die Reißverschlüsse, also die schnittechnischen Gegebenheiten. An den Ärmelenden und am unteren Saum zieht sich oft die Feuchtigkeit an der Ärmelinnenseite hoch.
Als Obermaterial wird vor allem Nylon, eine versponnene Polyamidfaser, verwendet. Nylon nimmt kaum Wasser auf und ist sehr scheuerbeständig. Die Faser wird zu unterschiedlichen Geweben verarbeitet.
Das Futter ist meist fein und glatt und besteht aus Polyester- oder Nylongeweben.

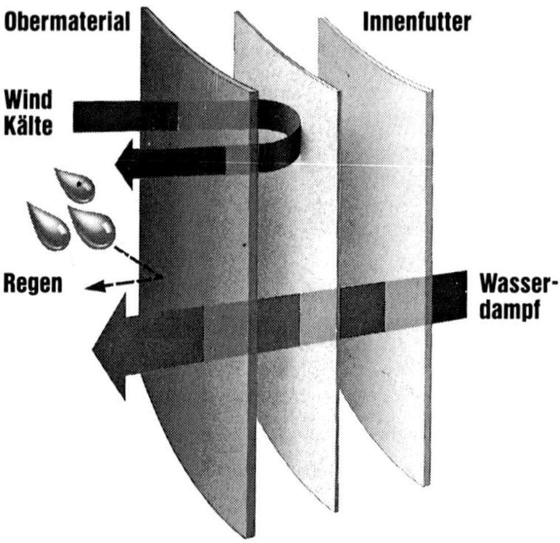

Wind- und wasserdichte Kleidung hat heutzutage meist eine Membran aus flexiblem Teflon zwischen Obermaterial und Innenfutter eingebaut. ***Die Gore-tex-Membran*** *läßt Körperfeuchtigkeit entweichen, aber Wasser und Wind von außen nicht eindringen.*

GORE-TEX ist ein wasserdichter atmungsaktiver Kunststoff, aus gestrecktem, porösen Teflon. Teflon ist chemisch außerordentlich reaktionsträge und flüssigkeitsabstoßend.
GORE-TEX wird in verschiedenen Methoden verarbeitet:

1. Als dreilagiges Laminat: außen Trägergewebe (Nylon, Polyester oder Baumwoll-Mischgewebe), Gore-Tex-Membrane und Schutzschicht innen (sehr stabil, aber steifer im Griff als zweilagiges).
2. Als zweilagiges Laminat: Trägergewebe und Gore-Tex. Um die Membrane vor mechanischer Abnutzung zu schützen, ist das Kleidungsstück mit einem leichten Futter ausgestattet (leichter und weicher im Griff als dreilagiges).
3. Z-Liner = Außenmaterial, Gore-Tex-Membrane und Futter sind nicht zu einer Schicht laminiert. Der Regen kann theoretisch durch das hydrophobe Außengewebe dringen, wird aber durch den Gore-Tex-Schild vom Körper ferngehalten. Vorteil: leicht, weich, sehr textil im Griff. Außerdem ermöglicht der Z-Liner den Einsatz von Gore-Tex auch bei »schwierigen« modischen Bekleidungsstücken mit vielen

Nähten. Äußerst wichtig für einwandfreie Funktion ist, daß alle Gore-Tex-Nähte richtig verschweißt sind.

4. Ultraleicht: Futter-Laminat. Futter und Gore-Tex-Membrane sind zu einer Schicht verbunden, darüber liegt ein sehr leichtes Außen-Material, meist ein seidenweiches Nylon.

3.7.4 Darauf ist beim Kauf zu achten

Dem Front-Reißverschluß ist besondere Beachtung zu schenken, da er wirklich einen Rieseneinfluß auf die Wasserdichtheit hat. Ideal sind doppelte Abdeckleisten (untere Abdeckleiste des Übertritts ist so breit, daß sie beim Schließen noch einmal umgeknickt wird).

Ärmelabschlüsse mit Klettverschluß und Gummizug sind ideal, da sie sich gut verstellen lassen und auch halten, wenn man den Ärmel hochschiebt. Der Außenstoff soll ein wenig in den Ärmel genäht werden, um das Hochziehen der Feuchtigkeit zu verhindern.

Kapuze beim Kauf herausnehmen und probieren, ob beim Drehen des Kopfes noch genügend Sicht vorhanden ist. Ein verstärktes Kapuzenschild wird gute Dienste leisten.

Beim Kragen ist die Kapuze angenäht und auch beim Kinn kann das Wasser in die Jacke eindringen. Gefütterte Kragen mit Fleece sind angenehm beim Tragen.

In die Taschen dringt leicht Wasser ein. Es ist unangenehm, durchweichte Ausweispapiere oder Kartenmaterial zu haben. Wie viele Taschen Sie gerne haben, bleibt Ihnen überlassen.

Verstärkungen im Schulter- und Ellenbogenbereich verhindern das Durchscheuern. Hauben, Handschuhe und Socken gibt es ebenso in den beschriebenen Materialien.

3.8 Fotografieren

Reisen und Fotografieren, auch in umgekehrter Reihenfolge, läßt sich in einem Atemzug nennen.

Sei es nun für einige Aufnahmen für das Familienalbum oder mit Blick auf eine Veröffentlichung, auf alle Fälle sind die Ansprüche, hervorgerufen vor allem durch die vielen erstklassigen Bildbände, im allgemeinen sehr hoch.

3.8.1 Kleinbild-Sucherkamera

Die Kleinbild-Sucherkamera ist leicht und problemlos zu bedienen und immer noch der meistverkaufte Kameratyp. Da sie in den meisten Fällen klein und handlich ist, hat man sie meist »schußbereit« z.B. am Ruck-

sackgurt oder am Gürtel hängen. Meist sind diese Kameras mit einem Umschalter ausgestattet, der auf Knopfdruck von Weitwinkel auf Tele umschaltet. Die Brennweiten liegen zwischen 35 und 70 mm.
Für den ambitionierten Outdoor-Fotografen eignen sie sich als Zweitkameras – nicht mehr und nicht weniger. Vor allem in extremen Situationen sind Ergebnisse nur mit der Kleinbild-Sucherkamera zu erzielen. Für jemanden, der einfach gute Erinnerungen mit nach Hause nehmen will, sind diese Kameras ideal.

3.8.2 Spiegelreflexkamera

Mit Spiegelreflexkameras kann man jedem »fotografischen« Problem gelassen ins Auge sehen. Jenen Bildausschnitt, den Sie durch den Sucher sehen, halten Sie später entwickelt in Ihren Händen. Eine Spiegelreflexkamera besteht aus Gehäuse und diversen Objektiven.

3.8.2.1 Mechanische Gehäuse

Nur sehr wenige Hersteller bieten ein mechanisches Gehäuse an (z.B. Leica R 6), da in der Regel die Feinmechanik teurer und aufwendiger ist als die Elektronik. Auch auf dem Gebrauchtmarkt wird es immer schwieriger, mechanische Gehäuse (Leica, Nikon, Canon) aufzutreiben. Der Belichtungsmesser ist der einzige Stromverbraucher, die Stromquelle eine Lithium-Knopfzelle. Das heißt, die Kamera ist immer und überall einsatzbereit und verträgt eventuell auch eine rauhere Behandlung, weil viel technischer Schnickschnack entfällt.

3.8.2.2 High-Tech-Kameras

Technik und Elektronik in Reinkultur sind in den High-Tech-Kameras verpackt. Ich meine nicht »idiotensicher«, wenn ich schreibe, die Kamera sei einfach zu bedienen, weil man die Kamera-Handhabung gut kennen muß. Was die Kamera wirklich macht, bleibt den Technikern überlassen. Das Scharfstellen überläßt man der Autofocustechnik, ebenso den Filmweitertransport. Beides hat enorme Vorteile, wenn die Zeit (und das Objekt) drängt. Die Stromversorgung erfolgt über Batterien und Akkus. Vor allem bei Kälte oder Nässe läßt sich eine Selbstentladung nicht verhindern. Viele interessante Motive bleiben deswegen auf der Strecke (was keine Katastrophe sein soll).

3.8.3 Mittelformat-Kameras

Nur für Vollprofis mit Zusatz-Sherpas geeignet. Perfekte fotografische Ergebnisse sollen nicht über einen Riesenaufwand hinwegtäuschen. Wegen hohem Gewicht und Packvolumen sowie teurer Anschaffung bleibt die Mittelformat-Kamera nur wenigen Freaks vorbehalten.

Der erste Kontakt wird durch die Neugier geprägt. Ein Blick durch das Zoom-Objektiv der Filmkamera läßt die Kinder rasch die natürliche Scheu vergessen.

3.8.4 Objektive

3.8.4.1 Objektive mit Festbrennweiten

Objektive mit Festbrennweiten sind qualitativ noch immer hochwertiger, was Optik und Haltbarkeit betrifft. Das häufige Objektivwechseln kann einem auf die Dauer jedoch auf die Nerven gehen (und wertvolle Zeit kosten).

3.8.4.2 Zoomobjektiv

Durch Zoomobjektive verliert man durchschnittlich eine Blende. Man ist aber variabler, schneller, und die Bildqualität bei hochwertigen Objektiven braucht Vergleiche mit Festbrennweiten nicht zu scheuen.

3.8.4.3 Objektiv-Zusätze

Makro-Objektive (bis Maßstab 1:1) sind teurer als Nahlinsen oder Zwischenringe. Beim Betrachten der unendlich vielen unscheinbaren Dinge gewinnt vieles an Dimension, und darum ist die Makro-Fotografie eine herrliche Herausforderung für jeden Fotografen.
Tele-Konverter sind unentbehrliche Helfer. Man verliert zwar eine Blende, aber die Verdoppelung der Brennweite erspart den Kauf (und den Transport im Rucksack) eines weiteren Objektivs.

3.8.5 Zubehör zur Kamera

3.8.5.1 **Winder oder Motoren,** sofern sie nicht in den High-Tech-Kameras fix integriert sind, werden vor allem in der Sport- und Tierfotografie benötigt. Das störende Geräusch beim Rückspulen hat schon oft Mensch und Tier verschreckt. Der Energiehaushalt der Kamera (Batterien und Akku) kann nicht entlastet werden, wenn man versucht, mit der Hand rückzuspulen, da dies bei den meisten High-Tech-Kameras nicht mehr möglich ist. Man ist somit leider von der Stromversorgung abhängig.

3.8.5.2 **Stative** sind schwer, unhandlich und sperrig (meint man allgemein), und trotzdem würde ich nicht auf ein Stativ verzichten, will man etwas Außergewöhnliches nach Hause bringen. Notwendig ist ein Stativ aber nicht. Vor allem bei längeren Unternehmungen kann es zum ungewollten Anhängsel werden

3.8.5.3 **Der Fernauslöser** wird nicht sehr oft gebraucht. Er könnte jedoch unter Umständen gute Dienste leisten und gehört deswegen zur Standardausrüstung, da er klein ist und nicht ins Gewicht fällt.

3.8.5.4 **Der Blitz** ist nicht unbedingt notwendig, sofern man nicht die Kochromantik vor dem Zelt ablichten will. Spezielle Ringblitze bei der Makro-Fotografie sind eher dem Profi vorbehalten.

3.8.5.5 **Fototaschen:** Die kleinen Sucherkameras lasen sich direkt am Rucksackriemen oder am Hosengürtel befestigen und sind damit immer einsatzbereit.

Um das lästige Schlenkern der Kamera in der Magengegend zu vermeiden, schnallt man die Bereitschaftstasche entweder am Rucksack fest oder man verwendet eine zusätzliche Nierentasche. Herkömmliche Fo-

Beim Trekking hat man viel Zeit, auch die »kleine Welt« wahrzunehmen. Und damit man solche Motive fotografisch einfangen kann, sind Makroobjektiv und Ringblitz notwendig.

totaschen und Alukoffer sind wegen des geringen Tragekomforts nicht ideal. In feuchten Gegenden empfiehlt es sich, wasserdichte Hüllen zu verwenden.

3.8.6 Das Filmmaterial

Genauso wie Sie Ihre Kamera kennen sollten (die Gebrauchsanweisung im Flugzeug zu lesen ist zu spät), ist es auch notwendig, die Eigenschaften der verschiedenen Filme zu kennen. Ich gehe von Diafilmen aus, da die meisten Trekker, nicht nur wegen der Kosten, Diafilme dem Farbnegativ-Film vorziehen. Testen Sie vor Reiseantritt die diversen Marken, probieren Sie verschiedene Empfindlichkeiten aus – es lohnt sich.
Ein spezieller Tip: Einige Schwarz-Weiß-Filme finden im Reisegepäck immer Platz.

3.9 Nützliches Zubehör

3.9.1 Sonnenbrillen

Sonnenbrillen (und bei Bedarf Gletscherbrillen) schützen nicht nur vor Sonneneinstrahlung, sondern auch vor Staub und Wind.
Sonnenhüte helfen oft »kühles« Blut zu bewahren, besonders bei hitzigen Diskussionen.

3.9.2 Teleskopstöcke

Skistöcke (Teleskopstöcke) aus drei Teilen, die sich ineinanderschieben lassen, sind nützliche Begleiter und fast nicht mehr wegzudenken, sowohl als Gehhilfe als auch zur Schonung der Knie. Leichte Handschuhe (Langlauf-Handschuhe) schützen die Hände.

3.9.3 Geldversteck

Geldkarten und Geldgürtel schützen vor Langfingern, die es überall gibt.

3.9.4 Taschenlampen

Taschenlampen oder Stirnlampen (mit Reservebatterien und Birnen) erhellen manch dunkle Nacht und erleichtern das Aufsuchen des »Örtchens«, damit die anderen Trekker am Morgen vor unliebsamen Überraschungen am Wege verschont bleiben.

Die wichtigsten Kriterien für die Ernährung sind:
- Abstimmung der Nahrung auf den Charakter der Trekkingtour
- Ausbalancierte Ernährung
- Einfallsreichtum und Improvisation
- Kraftnahrung
- Elektrolyt-, Vitamin- und Mineraldrinks
- Frische Nahrung aus dem Land

Da eine Trekkingtour kein Standardurlaub ist, muß bei entsprechendem Energieverbrauch diese in Form von Nahrung wieder zugeführt werden.

Nahrungsaufnahme ist nicht gleich Energieaufnahme. Die geforderte Energie hängt von der Dauer der körperlichen Belastung ab. Paßt die Bekleidung, so ist bei niedrigen Temperaturen kaum zusätzliche Kalorienzufuhr notwendig.
Nur bei sehr niedrigen Temperaturen sollte die Kalorienmenge um 20% vermehrt werden.
Auch bei etwa 30 oder 40 Grad besteht ein vermehrter Kalorienbedarf.

Nicht die quantitative, sondern die qualitative Zusammensetzung ist für Wohlbefinden, Regeneration und Energiezufuhr entscheidend.

Kohlenhydrate sind der Hauptbrennstoff für Trekker. In Kartoffeln, Gemüse, Brot, Getreide und Obst sind Kohlenhydrate vorhanden. Bis zu 70% sollte die Nahrung aus Kohlenhydraten bestehen. Der Organismus speichert diesen wichtigen Nahrungsbestandteil vorrangig im Zellgewebe der Muskeln, der Leber und weiteren Organen.
Fette sind für viele Organfunktionen erforderlich.
Um das Fett zu verbrennen, benötigt der Organismus deutlich mehr Sauerstoff (ca. 10%) als für Kohlenhydrate und Eiweiß. Deshalb versucht er stets die Kohlenhydratreserven in den Muskeln und Organen abzubauen, bevor er die schwierig resorbierbaren Fettreserven angreift. Fettreiche Kost behindert die Leistungsfähigkeit.
Eiweiß (Proteine) liefert den Nährstoff für die Erhaltung und den Aufbau des Muskelgewebes.
Vitamine müssen entsprechend zur Verfügung stehen, um die Grundbausteine Eiweiß, Kohlenhydrate und Fette zu resorbieren.
Mineralien sind für die Muskelkontraktion und die dazu erforderliche Nervenerregbarkeit unerläßlich. Mineralien gehen vor allem durch Schweiß verloren.
Kraftnahrung: Mineralstoffpräparate sollen den angeregten Stoffwechsel und den durch starkes Schwitzen erhöhten Mineralstoffbedarf rasch

Na, ist das Essen schon fertig? Neugierig beäugt uns eine Kuh beim Zubereiten unserer Mahlzeit nach Überquerung des Jostedalsbreen in Norwegen.

decken. Mineralstoffhaltige Energiedrinks sind nach wie vor ein Renner. Mineralstoffe werden in flüssiger Nahrung schneller vom Körper aufgenommen. Auch Tabletten, neben Pulver oder Konzentrat, werden angeboten. Außerordentlich wichtig ist die frühzeitige und vor allem regelmäßige **Flüssigkeitszufuhr,** so daß bei abwechslungsreicher Nahrung und ausreichender Flüssigkeit, sofern keine außergewöhnliche Belastung vorliegt, Mineralstoffpräparate nicht unbedingt notwendig sind.
Kohlenhydrat-Nahrung in Form von Energieriegel, Energiedrinks und Energiekonzentraten sind bei längeren Etappen durchaus sinnvoll, vor allem zur Auffrischung der Energiereserven.

Um Eintönigkeit in der Ernährung zu vermeiden, sollte man solange als möglich frische Nahrung aus dem Land nutzen. Bei diesem Trekking im Bereich des Kunlun-Gebirges in Zentralasien hatten wir frische Melonen aus der Oase Kashgar dabei.

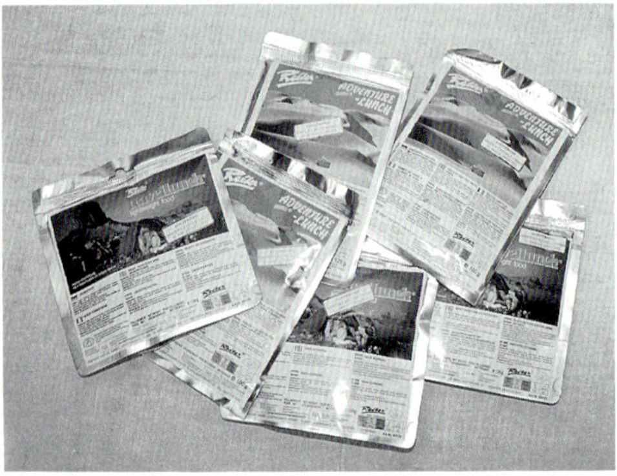

Fertignahrung ist praktisch und spart Gewicht. Bitte lassen Sie die Verpackung aber nicht am Lagerplatz liegen.

Die Riegel finden im Rucksack immer Platz und dienen auch als Notfall- und Reservenahrung.

Proteine in konzentrierter Form (Pulver etc.) dienen zum schnellen Muskelaufbau für Bodybuilder – im Trekkingbereich finden sie überhaupt keine Anwendung.

Vitaminpräparate werden mit nur einem Vitamin – als leistungsfördernd gelten Vitamin E, Vitamin C und alle Vitamine aus dem B-Komplex – oder als Multivitaminpräparate angeboten. Vitamine wirken leistungsfördernd, wenn vorher Vitaminmangel herrschte. Auf alle Fälle scheint die Zeit des Skorbut vorbei zu sein.

Alle diese Präparate können eine entsprechende körperliche Vorbereitung auf das bevorstehende Trekkingunternehmen nicht ersetzen.

In der Wüste wird man in erster Linie an Wasser, in Grönland an frisches Obst und Gemüse denken.

Nahrung aus dem fremden Land ist nicht jedermanns Sache. Sie fördert aber das Kennenlernen von Land und Leuten.

Wer nach dem Motto »Was der Bauer nicht kennt, ißt er nicht« reist, wird nicht weit kommen.

Schon wegen des Gewichtslimits am Flughafen wird man sich mit dem Gedanken an das Nahrungsangebot aus dem Gastland befassen müssen und dürfen. Daher ist es sinnvoll, sich zu Hause nicht nur mit Trekkingrouten, Flugplänen und Sehenswürdigkeiten auseinanderzusetzen, sondern auch mit dem Nahrungsmittelangebot.

Wer mit dem Rucksack durch die Wälder des Nordens zieht, wird sich auf Dauer mit einem Birkenrinden-Menü nicht zufriedengeben. Überschlagsmäßig rechnet man mit 0,8 kg konzentrierter Nahrung pro Tag, das ergibt für einen zweiwöchigen Trek 11 kg Nahrungsmittel pro Person. Hier empfehlen sich die Fertiggerichte, die ohne viel Aufwand und gegebenenfalls durch Nachwürzen oder Verfeinerung mit frischem Gemüse etc. ein schmackhaftes Mahl darstellen. Inzwischen wird die Produktpalette (fast) allen Geschmacksnerven gerecht.

5 ORIENTIERUNG

Von Helmut Burisch

5.1 Allgemeines

Trekking außerhalb der Alpen, auf anderen Kontinenten, stellt an die Orientierung besondere Anforderungen, da es für diese Gebiete meistens wenig Information in der uns vertrauten Form gibt.
Deshalb behandle ich auch in meinen Ausführungen zwei Bereiche, die normalerweise wenig Bedeutung für die Orientierung in unseren Alpen haben:
der Einheimische als Führer und die Satellitennavigation.

5.1.1 Planung und Vorbereitung

Vor jeder Tour bzw. vor jedem Trekkingvorhaben sollte eine umfangreiche Planung und Vorbereitung stehen.

Je besser man über das Gebiet, in das man sich begibt, Bescheid weiß, desto einfacher und ungefährdeter läßt sich das Geplante anpacken. Auf eine Schwierigkeit, die ich kenne, kann ich mich einstellen; ich kann ihr aus dem Weg gehen. Eine bekannte und erkannte Gefahr ist nur eine halbe Gefahr. Unterwegs sollten wir immer Bescheid wissen, wo wir gerade sind, wie das Wegstück vor uns aussieht, auf was wir besonders achten müssen.

Beim Trekking und Bergsteigen im unmarkierten Gelände sollten wir beim Hinweg bzw. beim Aufstieg bereits an den Rückweg bzw. an den Abstieg denken und uns markante Geländeformen, am besten durch einen Blick entgegengesetzt zur Gehrichtung, einprägen.

Außerdem sollte man für Trekkingfahrten, die längere Zeit über Schnee oder Eis führen, Orientierungsstangen zur Kennzeichnung des Rückweges mitnehmen.

5.2 Orientierungshilfen in der Natur

Alles was hilft, sich draußen in der Natur zurechtzufinden, soll in diesem Kapitel behandelt werden.

5.2.1 Wege

Wege in ihren verschiedensten Ausführungsformen sind eigentlich unsere wichtigsten Orientierungshilfen im Gelände.

5.2.1.1 Straßen, Fahrwege, Handelswege, Völkerwanderungswege

Gemeint sind hier Güterwege, Forst- und Almstraßen, die für den allgemeinen Verkehr gesperrt sind.

5.2.1.2 Karren- und Ziehwege

Das sind häufig die Vorläufer der Fahrwege, die meist nach einem Straßenneubau nicht mehr in Ordnung gehalten werden.

5.2.1.3 Wanderwege, Pilgerwege

Das sind jene, die vor allem von Bergsteigern und Ausflüglern benützt werden und in der Regel gut und durchgehend ausgetreten sind und dadurch eine gute Orientierungshilfe sind.

5.2.1.4 Pfade, Steige

Vor allem am Anfang und bei Abzweigungen undeutlich ausgetretene Wege.

5.2.1.5 Pfadspuren, Steigspuren

Wie schon der Name sagt, sind sie noch undeutlicher ausgetreten als Pfade und Steige und vor allem nicht durchgehend. Sie erfordern daher größte Sorgfalt und ein laufendes Überprüfen mit der Karte, wenn sie als Orientierungshilfe herangezogen werden.

5.2.1.6 Gesicherte Wege, Klettersteige

Mit Drahtseilen, Eisenstiften und Leitern gesicherte Wege über Felshindernisse. Leider werden diese auf Karten nicht besonders gekennzeichnet und unterscheiden sich daher auf der Karte nicht von normalen markierten Wegen. Das kann natürlich eine böse Überraschung für den bedeuten, der Klettersteige nicht gehen kann oder will, man sollte sich daher vor der Tour erkundigen, ob man auf Klettersteige trifft.

5.2.2 Markierungen, Wegweiser, Nummern, Steinmänner, Lhatse

Diese werden wir in erster Linie bei uns in den Alpen finden, ich werde sie daher in diesem Rahmen nicht behandeln. Im Himalaja und in Tibet gibt es zwar keine Steinmänner zur Orientierung, aber an Pilgerwegen und anderen Wegen gibt es *Lhatse*, das sind von einheimischen Pilgern aufgeschichtete Steinpyramiden, in deren Mitte Holzstangen stecken. Vom oberen Ende der Holzstangen werden Schnüre zum Boden gespannt, an diesen wiederum werden kleine Gebetsfahnen befestigt. Meistens stehen diese Lhatse auf Pässen, deshalb sind sie eine gute Orientierungshilfe.

5.2.3 Höhe, Himmelsrichtung

Siehe dazu das Kapitel 5.4 »Umgang mit Höhenmesser und Kompaß« (Seite 61 f.).

5.2.4 Geländeformen, Oberfläche

Wenn wir in weglosem Gelände mit der Karte unterwegs sind, sind die verschiedenen Geländeformen und die unterschiedlich gestaltete Oberfläche eine wichtige Hilfe. Geschicktes Kartenlesen ist allerdings eine Voraussetzung für die Orientierung.

5.3 Das Kartenlesen

Das Kartenlesen, d. h. eine Beziehung zwischen der Landschaft und der kartografischen Abbildung und natürlich auch umgekehrt herstellen zu können, ist eine Fertigkeit, die man ausreichend üben und im Gelände und auch in der Theorie erlernen muß. Anfänglich empfiehlt es sich, mit Karten der vertrauten Umgebung zu arbeiten, den Vergleich Karte – Landschaft zu machen und den Blick dafür zu schulen.

Karten sind neben allen anderen Orientierungshilfen die wichtigste.

5.3.1 Der Maßstab

Für den Bergsteiger und Trekker kommen nur drei Maßstäbe in Frage: 1:25000, 1:50000 und 1:100000. Wobei Karten mit den beiden kleinen Maßstäben für die Orientierung unterwegs und der große Maßstab zur Übersicht dienen.

5.3.2 Die Darstellung des Geländes

Topographische Karten haben es sich zum Ziel gesetzt, das Gelände möglichst exakt darzustellen. Sie sind zuverlässig und damit für eine Orientierung im Gelände bestens geeignet.

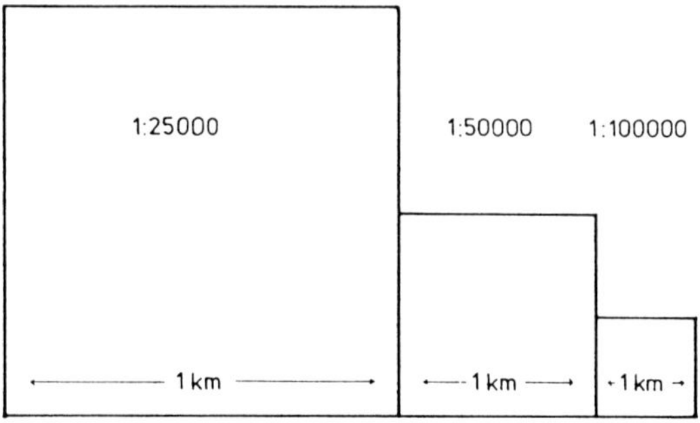

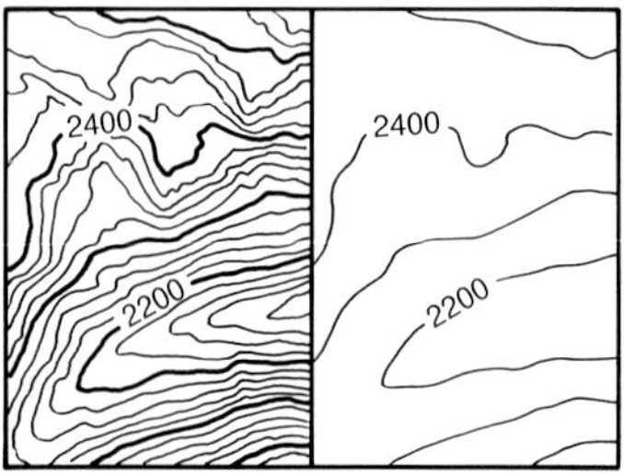

So unterschiedlich ist die Fläche von einem Quadratkilometer in den verschiedenen Maßstäben.
Diese beiden Skizzen sollen den Unterschied in der Geländedarstellung zwischen einer topographischen Karte und einer der üblichen Wanderkarten demonstrieren.

5.3.3 Was kann man von der Karte ablesen?

Eine gute Karte bringt eine enorme Fülle von Informationen für die Orientierung und für die Standortbestimmung. Da sind einmal die Symbole, die in der Legende der Karte erklärt werden. Verschiedene Farben dienen der Oberflächendarstellung. Die Schummerung dient einer besseren Lesbarkeit und vermittelt einen plastischen Eindruck. Nicht zuletzt das wichtigste: die Höhenlinien.

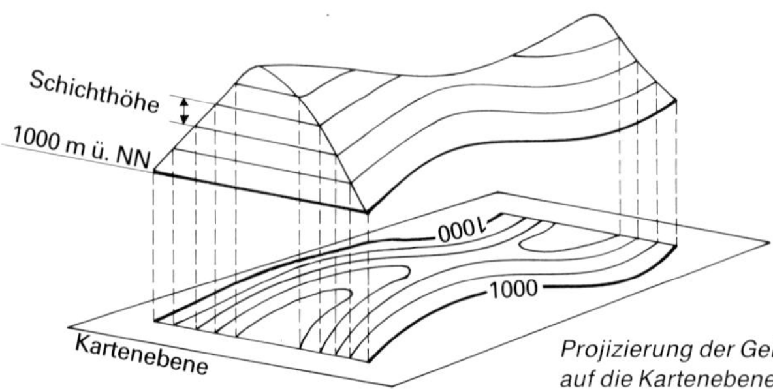

Projizierung der Geländeformen auf die Kartenebene.

Oben: Der Weg ist das Ziel. Im Hintergrund die »cathedrals« und der Beginn des Baltoro-Gletschers im Karakorum, Pakistan.

Unten: In Tibet wie im gesamten buddhistischen Himalayaraum sind flatternde Gebetsfahnen natürliche Orientierungspunkte auf Pässen, Pilger- und Handelspfaden.

5.3.4 Die Höhenlinien

Darunter versteht man gedachte Linien, die alle auf gleicher Höhe befindlichen Geländepunkte miteinander verbinden und dabei jeden Graben, jede Kuppe, jeden Rücken usw. deutlich erkennen lassen. Durch genaues Hinsehen kann man sich mit den Höhenlinien eine gute Vorstellung von einem Berg oder einer Landschaft machen. Man kann sich damit zu Hause schon die günstigste Route für die bevorstehende Tour auswählen.

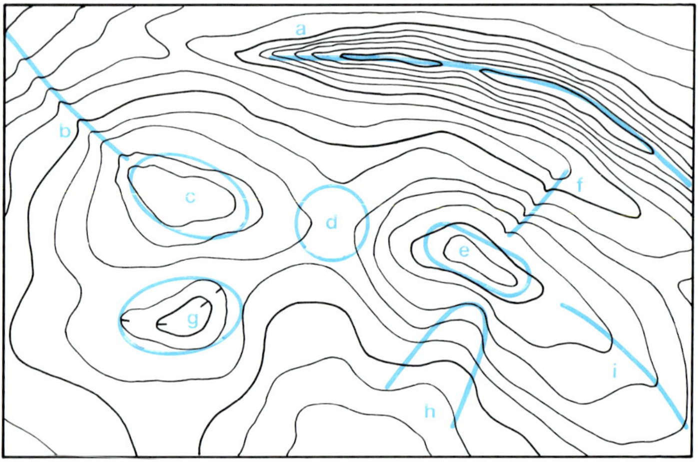

Höhenlinien geben ein Schichtmodell der Geländeformen:
a) Grat, b) Rippe, c) Kuppe, d) Sattel, Paß, e) Gipfel, f) Rinne, g) Senke, h) Mulde, i) Rücken.

5.3.4.1 Höhenangaben

Mit den Höhenangaben durch Höhenlinien auf der Karte – im Maßstab 1:25000 sind sie alle 20 m eingezeichnet – und einem gut eingestellten Höhenmesser ist die Orientierung mit etwas Erfahrung exakt möglich.
Bei Höhenangaben, z.B. in Führern, muß man darauf achten, ob es sich um eine absolute Höhe, das ist der Höhenunterschied zwischen dem Meeresspiegel und dem betrachteten Punkt (z.B. einem Berggipfel) oder um eine relative Höhe, das ist z.B. der Höhenunterschied zwischen einem Ort im Tal und einer Paßhöhe, handelt.

5.3.4.2 Neigungen, Steilheit

Der Abstand der Höhenlinien gibt Aufschluß über Neigung bzw. Steilheit des Geländes. So kann man leicht Steilstufen, die zuviel Anstrengung für die Überwindung erfordern, oder allzu flache Passagen, die zuviel Zeit kosten, meiden. Die Hangneigung gibt auch wesentlichen Aufschluß über die Lawinengefahr.

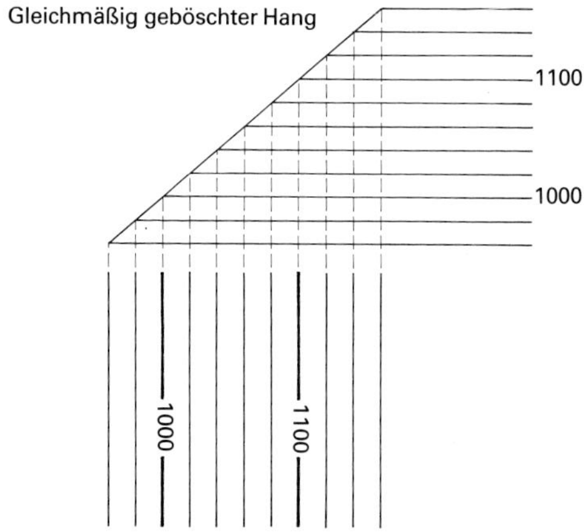

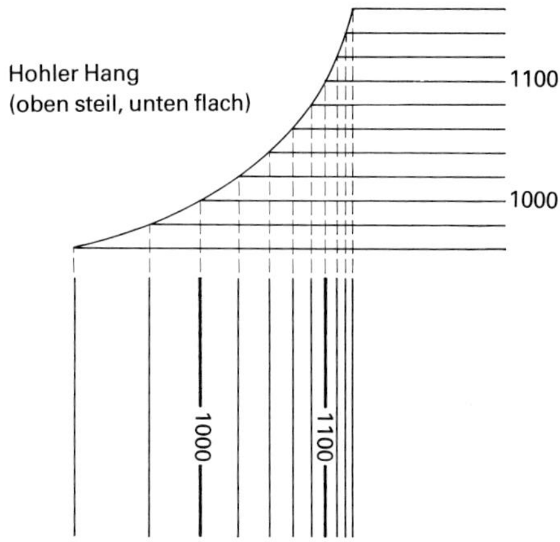

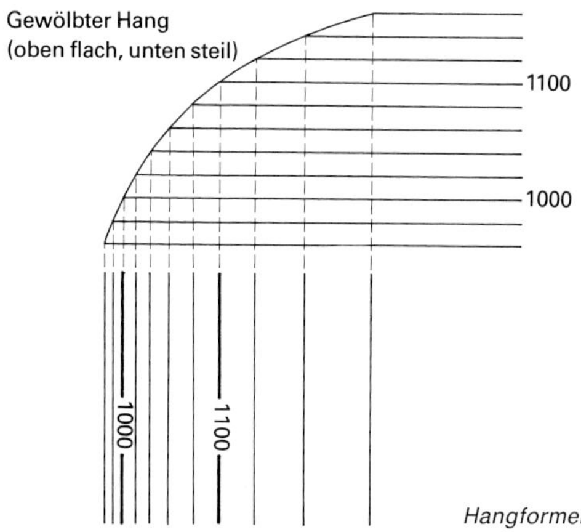

Hangformen im Profil und im Kartenbild.

△ *Flaches Gelände.*

▽ *Mittelsteiles Gelände.*

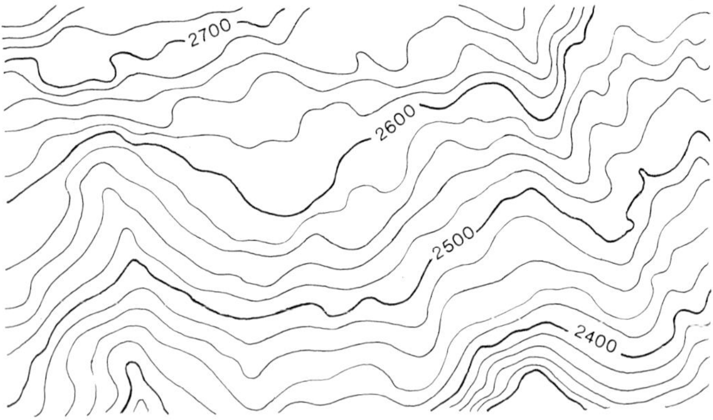

▽ *Sehr steiler Hang.*

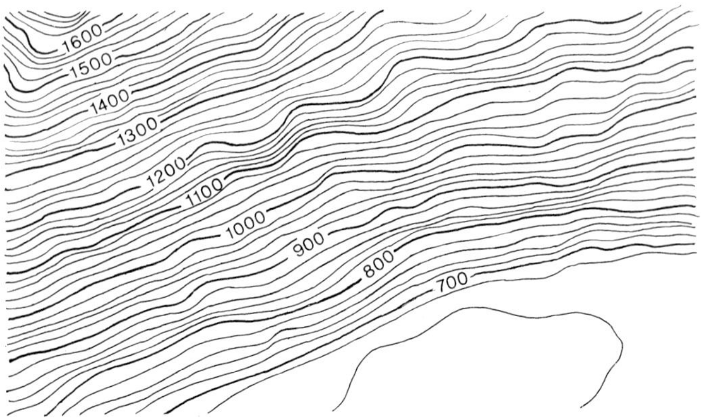

Höhenlinien symbolisieren verschiedene Geländeformationen.

△ *Rücken.*

▽ *Sehr steile Talschlußflanken.*

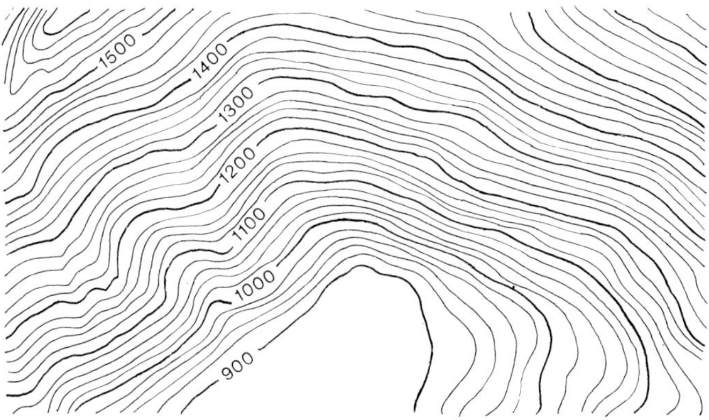

▽ *Weites Tal.*

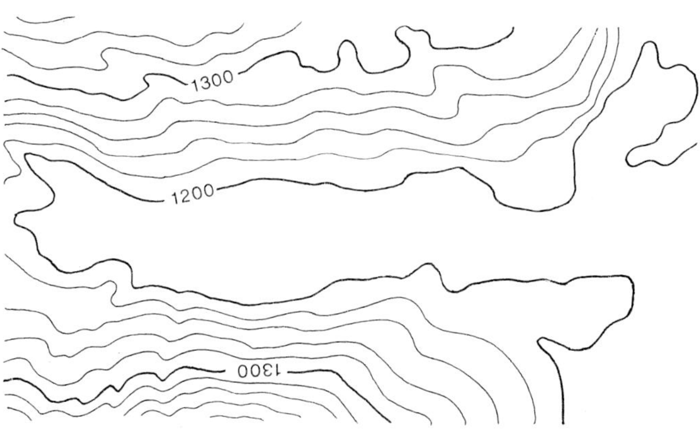

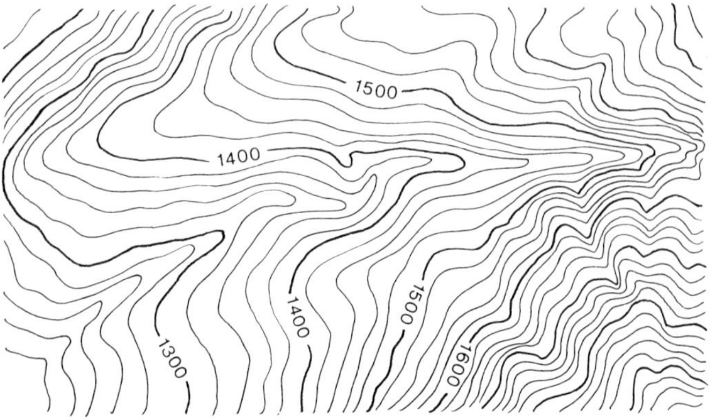

△ *Eng eingeschnittenes Tal.*

▽ *Darstellung eines Grates (mit Felszeichnung).*

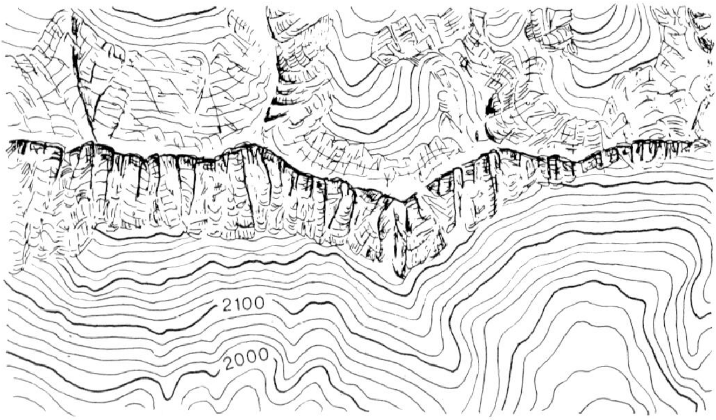

▽ *Darstellung einer großen Wand mit Hilfe von Felszeichnung und Höhenlinien.*

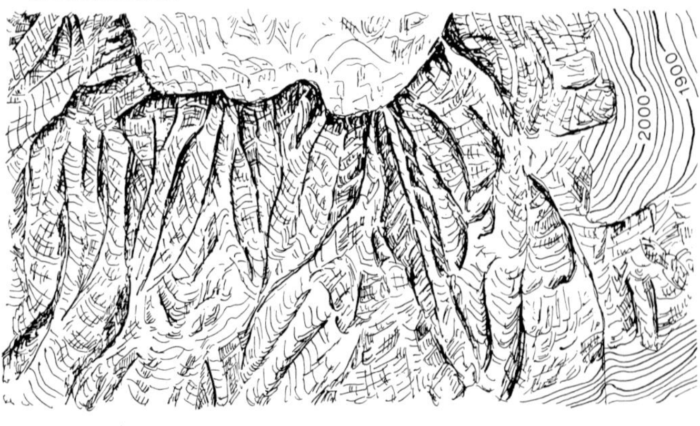

5.3.4.3 **Richtungen von Hängen und Graten**

Die Richtung eines Grates ist aus der Karte leicht erkennbar, und in der Natur kann man sie mit dem Kompaß bestimmen. Die Richtung des Hanges ergibt sich aus der Fallinie, und diese steht senkrecht zu den Höhenlinien. Die Richtung des Hanges gibt auch wesentliche Aufschlüsse über die Lawinengefahr.

Diese Gegenüberstellung zeigt übersichtlich den Vergleich zwischen Wirklichkeit und Karte.

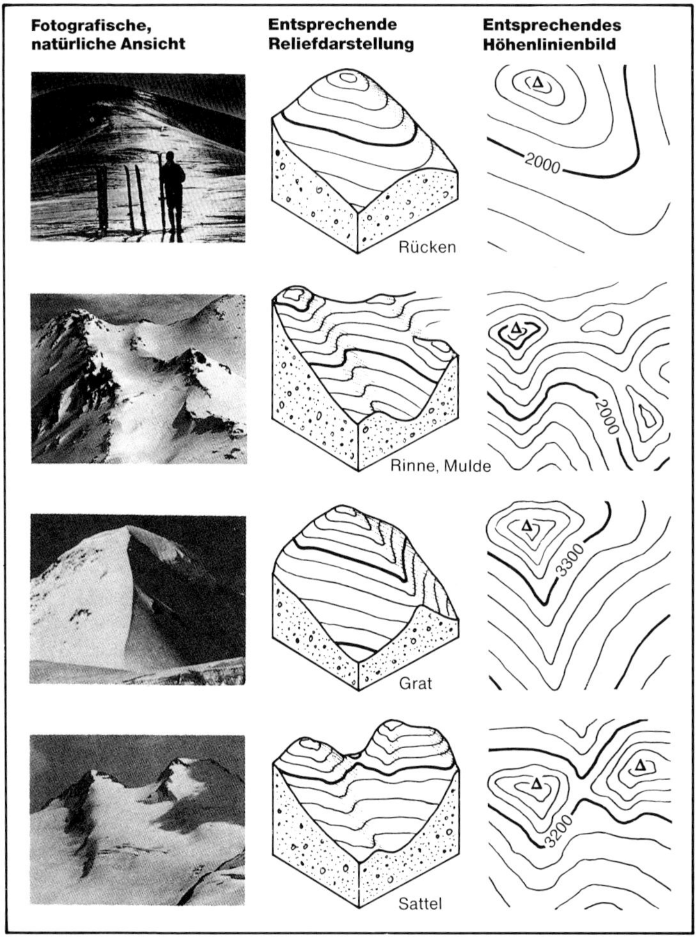

Routenbeschreibung zur Mutmalspitze (3528 m).
Wir beginnen mit der Beschreibung dort, wo die Route von rechts ins Foto kommt.
Ein nördlicher Nebenarm des Marzellferners zieht zwischen dem Westgrat und dem Südwestsporn der Mutmalspitze empor. Über den nur mäßig geneigten Gletscherarm in das obere Becken. Jetzt nach rechts (Süden) und über eine kurze Firnwand (bis 42°) auf die deutliche Schulter des Südwestsporns (wo der Schnee bis zum Grat hinaufreicht). Um den ersten Grataufschwung südlich in brüchigem Fels herum, dann über Schutt, später über Schnee zum schmalen Gipfelgrat und auf den höchsten Punkt.
Sie sollten sich nun die Mühe machen und diese Beschreibung genau mit Skizze und Foto vergleichen. Sie werden erstaunt sein, wie gut man alles wiedererkennt.

5.3.4.4 **Geländeformen**

Der Verlauf der Höhenlinien zeichnet ganz plastische Bilder von Tälern, Graten, Gipfeln, Hängen, Böden usw. Die unterschiedlichsten Gratformen, die für die Orientierung und die Routenwahl bedeutend sind, lassen sich aus dem Verlauf der Höhenlinien herauslesen: messerscharfe Schneiden, abgerundete Rücken, Gratfirste, die wie Pulte aussehen.
Das Aussehen eines Berges und einer ganzen Landschaft läßt sich mit einiger Übung aus der Karte herauslesen.

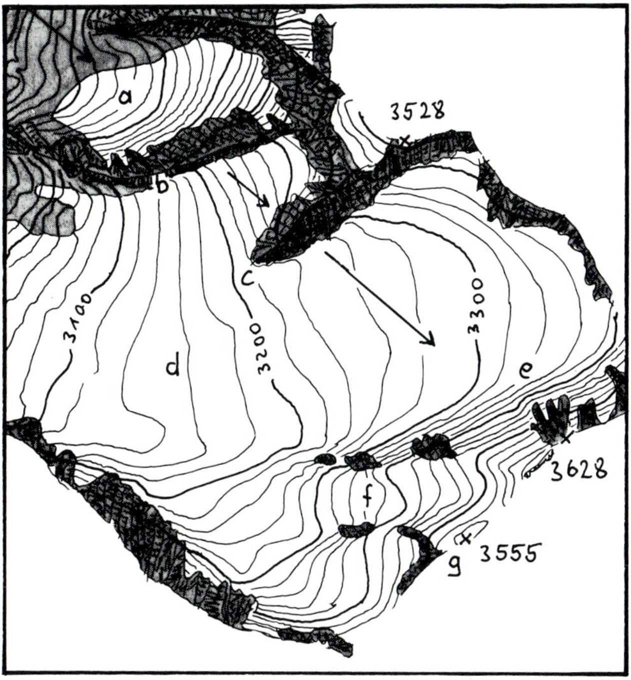

Hintere Schwärze und Mutmalspitze (Ötztaler Alpen):

a) Nicht nur dieses Gletscherbecken erkennt man wieder, sondern auch die einzelnen Schneezungen, die in die Felsen hinaufreichen.

b) Dieser Felsgrat ist auf Foto und Skizze ganz typisch.

c) Wo dieser Felssporn in den Marzellferner eintaucht, zeigt er eine unverwechselbare Form.

d) Der Marzellferner bildet ein sanftes, ganz flaches Becken.

e) Gut ist das Nebeneinander von glatter Eiswand und eingesprengten Felsinseln auf Foto und Skizze zu erkennen.

f) Diese schräge Gletscherrampe verleiht der Hinteren Schwärze von Norden gesehen ihr ganz charakteristisches Aussehen.

g) Unverkennbar ist dieses Felsdreieck auf der Westseite der Marzellspitze.

5.4 Umgang mit Höhenmesser und Kompaß

5.4.1 Mechanische Höhenmesser

Zusammen mit der Karte stellt der Höhenmesser, vor allem für den Trekker, der sich auch im weglosen und nicht beschriebenen Gelände bewegt, ein unverzichtbares Hilfsmittel zur Orientierung und zur Standortbestimmung dar.

Es muß zur Selbstverständlichkeit werden, den Höhenmesser unterwegs immer wieder zu überprüfen und anhand der in den Karten eingetragenen Höhen markanter Punkte wie Hütten, Gipfel, Scharten usw. nachzustellen. Denn der Höhenmesser ist nichts anderes als ein Barometer und zeigt neben den Höhenveränderungen auch die witterungsbedingten Schwankungen des Luftdrucks an. So wird der Höhenmesser auch als Barometer eingesetzt. Mit ihm lassen sich wesentliche Rückschlüsse auf Wetterveränderung bzw. Stabilität ziehen. Den Zusammenhang zwischen Höhe, Luftdruck, Temperatur und Luftdichte sehen Sie aus folgender Tabelle:

Höhe ü. NN Meter	Temperatur nach CINA °C	hPa (mbar)	Mittlere Höhendifferenz pro hPa Meter	Mittlere Druckdifferenz pro 10 m Höhendifferenz hPa	Höhenkorrektur pro 1°C Temperatur Differenz	
					+	–
0	15	1013,25	8,4	1,20	0	0
200	13,7	989,45	8,6	1,16	0,8	0,8
400	12,4	966,10	8,7	1,15	1,6	1,6
600	11,1	943,20	8,9	1,12	2,4	2,4
800	9,8	920,80	9,0	1,10	3,2	3,2
1000	8,5	898,70	9,3	1,08	4	4
1200	7,2	877,20	9,4	1,06	4,8	4,8
1400	5,9	856,0	9,6	1,04	5,6	5,6
1600	4,6	835,2	9,8	1,02	6,4	6,4
1800	3,3	814,9	10,0	1,0	7,2	7,2
2000	2,0	795,0	10,3	0,97	8	8
2400	– 0,6	756,3	10,8	0,93	9,6	9,6
2800	– 3,2	719,1	11,1	0,90	11,2	11,2
3000	– 4,5	701,1	11,5	0,87	12	12
3400	– 7,1	666,15	11,9	0,84	13,6	13,6
3800	– 9,7	632,60	12,4	0,81	15,2	15,2
4000	–11,0	616,40	12,8	0,78	16	16
4500	–14,25	577,30	13,5	0,74	18	18
5000	–17,5	540,20	14,3	0,70	20	20
5500	–20,75	505,10	14,9	0,67	22	22
6000	–24,0	471,80	15,9	0,63	24	24

Der Luftdruck wird beeinflußt von der Temperatur. Die Meterskala des Höhenmessers wird bei durchschnittlichen Temperaturen gemäß der Tabelle in den verschiedenen Höhen festgelegt. Die Höhenskala stimmt nicht mehr, wenn die Temperatur abweicht. Bei niedrigeren Temperaturen werden z. B. zu große Höhenunterschiede angezeigt. Die daraus entstehenden Abweichungen können z. B. bei Wetteränderungen mehrere 10 Meter ausmachen und werden nicht durch die Temperaturkompensation ausgeglichen. Die Berücksichtigung dieser Temperaturabhängigkeit ist besonders im außeralpinen Bereich, also bei Trekkingfahrten in größerer Höhe, von Bedeutung.

Beim Kauf sollte man auf eine gute Qualität achten, was sich natürlich auch in einem entsprechenden Preis niederschlägt. Eine Nadelumdrehung soll 1000 Metern entsprechen.

5.4.2 Elektronischer Höhenmesser

Neuerdings wird schon eine ganze Palette von elektronischen Höhenmessern mit digitaler Anzeige angeboten. Sie bieten wesentlich mehr Informationen an als der mechanische Höhenmesser: z. B. Höhen- und Zeitdifferenz, Höhensummen, Luftdrucktendenz, Wettervorhersage mit Symbolen, Uhrzeit, zweite Uhrzeit, Höhenalarm, Zeitalarm, Druck- und Höheneinheiten umschaltbar, Speicherung des Luftdrucks der letzten 20 Stunden, optische Darstellung des Luftdrucks der letzten 12 Stunden im Zweistundenrhythmus.
Ich finde ihre Handhabung teilweise aufwendig und kompliziert und die Höhenanzeige zu stark gedämpft. Außerdem ist ihre Anwendung auf max. 6000 Meter Höhe und max. minus 20°C eingeschränkt. Zudem ist man von intakten Batterien abhängig.
Für mich ist der bewährte mechanische Höhenmesser übersichtlicher, einfacher zu handhaben, robuster und verläßlicher.

Funktionsprinzip des Höhenmessers.
*Dem Aufbau nach ist der Höhenmesser ein **Luftdruckmesser (Barometer).***

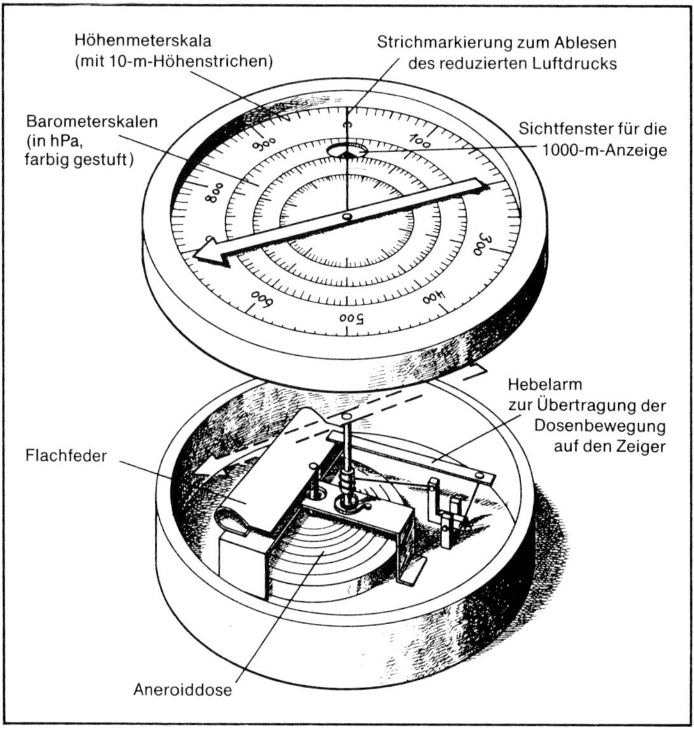

5.4.3 Kompaß

Obwohl **ein Kompaß** nur bei schlechter Sicht (Nebel), und wenn man über keine exakte Karte und nur über eine Routenbeschreibung verfügt, wertvolle Hilfe leistet, **sollte** er trotzdem **jede Ausrüstung vervollständigen.**
Der magnetische und der geographische Nordpol sind nicht identisch, der Winkel zwischen der Richtung zum geographischen Nordpol und der Richtung der magnetischen Feldlinien an einem ganz bestimmten Ort heiß Mißweisung (Deklination) und ist in besseren Karten am Kartenrand angegeben. Dabei ist das Erscheinungsjahr der Karte wichtig, da sich die Mißweisung laufend verändert.

5.5 Handbuchführer, Routenbeschreibungen

Markierte Wege wird man im außeralpinen Bereich, der sich für das Trekken anbietet, kaum finden. Wohl aber Führer und Routenbeschreibungen neben mehr oder weniger gut geeigneten Karten.

Einzelteile eines Kompasses *für Bergsteiger und Trekker.*

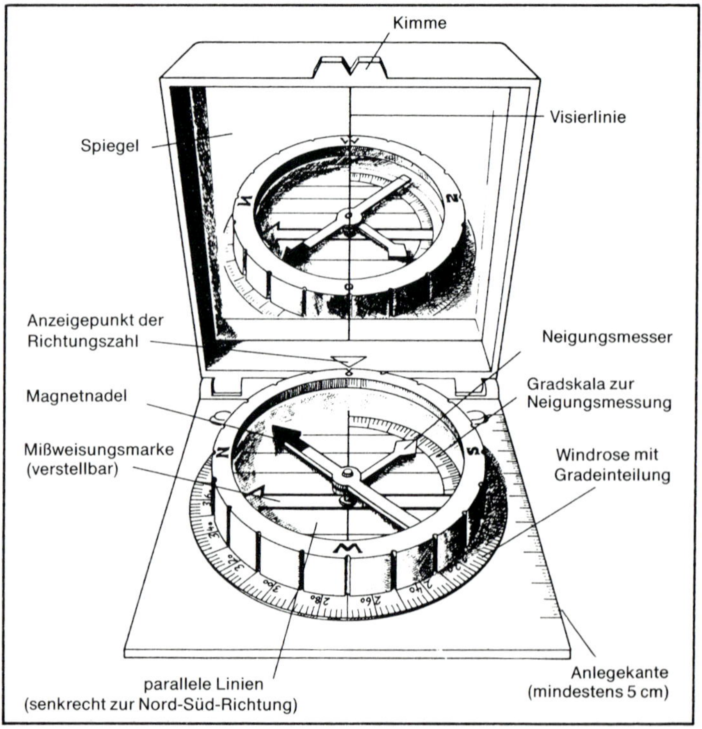

5.6 Das Umsetzen einer Tourenbeschreibung in die Wirklichkeit

Richtiges Kartenlesen ist eine wesentliche Orientierungsgrundlage und **bedarf umfangreicher Übung**, um die Beziehung zwischen Geländeform und Karte bzw. zwischen der Wirklichkeit und ihrem kartographischen Bild zuverlässig herstellen zu können.

5.6.1 Vergleich von Gelände und Karte – Bestimmung des eigenen Standpunktes

Anfänger sollten die Karte unbedingt richtungsgleich mit der Natur halten. Zunächst ist bei bekanntem Standpunkt die Karte einzuordnen. Dazu dreht man die Karte, bis die seitliche Kante nach Norden zeigt. Das läßt sich meistens anhand von markanten Geländepunkten oder aber mit dem Kompaß durchführen. Dann wählt man zwei geeignete markante Geländepunkte, die in etwa bezogen auf den Standpunkt einen rechten Winkel bilden und genügend weit voneinander entfernt sind. Die gedachten Linien vom Standpunkt zu den beiden gewählten Geländepunkten überträgt man auf die Karte. An ihrem Schnittpunkt befindet

***Rückwärtseinschneiden:** Die in der Natur ermittelten Richtungszahlen zu den beiden bekannten Gipfeln, hier z. B. Rosmariswandkopf (RZ 341) und Hoffmannspitze (RZ 78), werden mit dem Kompaß auf das Kartenbild übertragen. Der Schnittpunkt dieser beiden Visierlinien ist dann der momentane Standort, der uns vorher nicht bekannt war.*

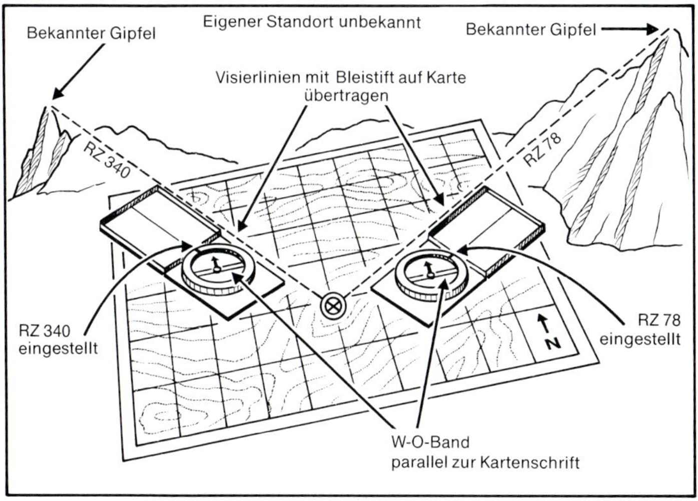

sich der Standpunkt auf der Karte. Ein dritter Geländepunkt und oder der Vergleich der Höhe laut Höhenmesser mit der Höhenlinie der Karte gibt zusätzliche Sicherheit.
Bei Nebel und schlechter Sicht läßt sich der momentane Standpunkt dadurch bestimmen, daß man mit dem Kompaß die Richtung der Fallinie am Ort mißt und diese Richtung entlang der zutreffenden Höhenlinie in der Karte so weit verschiebt, bis sie diese senkrecht schneidet.

5.6.2 Umgang mit der Karte

Die Karte ist ein verkleinertes Abbild eines Teiles der Erdoberfläche. Die Geländedimensionen sind auf eine Ebene projiziert und sind mehr oder weniger exakt dargestellt

Schon vor der Tour sollte man die Karte studieren, um sich eine Vorstellung von dem zu erwartenden Gelände zu machen.

Auch mit Fotos und Beschreibungen in Führern kommt man zu guten Geländevorstellungen. Im Gelände sollte man jede Gelegenheit benutzen, um das Kartenbild mit der Natur zu vergleichen. Außerdem sollte man vor allem im weg- und markierungslosen Gelände laufend den eigenen momentanen Standpunkt auf der Karte bestimmen.

5.6.3 Berechnung der Gehzeit

Um die Gehzeit mit Hilfe der Zeitangaben in Führern und Tourenbeschreibungen in die Wirklichkeit übertragen zu können, ist es notwendig, allgemein gültige Zeitangaben zu kennen.
Aufstiegsleistung: 400 Höhenmeter pro Stunde, also 100 Meter in 15 Minuten.
Abstiegsleistung: 600 Höhenmeter pro Stunde, also 100 Meter in 12 Minuten.
Horizontalentfernung: 4 Kilometer pro Stunde, also 1 Kilometer in 15 Minuten.

5.7 Einheimische als Führer

In Gegenden, wo es kein ausreichendes Kartenmaterial und keine Routenbeschreibungen gibt, vor allem im Himalaja, in Südamerika und in Ostafrika, sollte man die Möglichkeit, Einheimische als Führer anzuheuern, nützen. Manchmal ist es sogar die einzige Möglichkeit, in unbekannte Gebiete zu trekken.
In Tibet z.B., das von China besetzt ist, braucht man für das Reisen in

fast alle Landesteile eine Bewilligung und eine Begleitung. Die nötigen Informationen erhält man von den zentralen, in Peking oder in der Provinz ansässigen Ministerien.
In Nepal ist die Situation mit der Bewilligung und der Begleitung ähnlich. Die nötigen Informationen bekommt man von den Trekkingorganisationen, die es in Kathmandu zuhauf gibt.
Trekking in unbewohnte Gebiete erfordert das Mittragen der gesamten Verpflegung. Je nach Region stehen einem dafür Träger, Tragtiere wie Pferde, Maultiere, Yaks, Kamele und Esel zur Verfügung.

Einheimische Führer zu beschäftigen bringt den dort lebenden, durchweg armen Menschen ein Einkommen.

Es löst auch noch eine Reihe anderer Probleme wie z.B. das Sprachproblem, das Anheuern von Trägern, das Beschaffen von Nahrungsmitteln, das Besichtigen von Klöstern (z.B. in Tibet).

5.8 Satellitennavigation

5.8.1 Allgemeines

Diese sehr junge, zivile Anwendung der Satellitentechnik stellt den Anwender vor der Anschaffung vor das Problem der richtigen Auswahl bei einem sich laufend vergrößernden Angebot. Obwohl die Preise in der letzten Zeit laufend gefallen sind und auch noch weiter fallen werden, ist die Anschaffung derzeit mit etwa DM 3000,– (Stand April 1992) verbunden. Andererseits kommen laufend neue Modelle, noch kleiner und noch anwendungsgerechter, auf den Markt.
Für den, der ein Satellitennavigationsgerät nur für eine Trekkingfahrt verwenden möchte, gibt es leider nicht die Möglichkeit, eines auszuborgen, aber ein Münchner Expeditionsausstatter bietet eine interessante Möglichkeit. Wenn Sie in diesem Geschäft ein neues Gerät kaufen, wird Ihnen geholfen, dieses provisionsfrei und ohne Verkaufskosten an einen anderen Interessenten zu verkaufen. Dazu kann das Gerät in der Sonderangebotsliste kostenlos inseriert werden, die den laufenden Katalogaussendungen (ca. 30000 Stück jährlich) beigelegt wird. Bisher wurden solche Geräte binnen weniger Tage weitervermittelt.

5.8.2 Die Technik

5.8.2.1 GPS – das Navigationssystem der Zukunft

GPS steht für Global Positioning System, auf deutsch weltweites System zur Positionsbestimmung.

Das US-Verteidigungsministerium betreibt GPS für militärische Zwecke und hat es trotzdem für jeden Interessenten für zivile wissenschaftliche, kommerzielle und private Zwecke ohne Genehmigung und ohne Lizenzgebühr zur Benutzung freigegeben.
Im Endausbau werden dafür 24 Satelliten eingesetzt, derzeit (April 1992) befinden sich 17 in einer Umlaufbahn um die Erde. Sie bewegen sich in einer Höhe von 20200 km alle 12 Stunden einmal um die Erde. Dabei bewegen sie sich auf 6 Bahnen, die 55 Grad zum Äquator geneigt sind.
Der GPS-Navigationsempfänger bestimmt seinen Abstand zu den Sendern mehrerer Satelliten, deren Position genau bekannt ist, und berechnet daraus seinen eigenen Standpunkt. Dazu benötigt der Empfänger drei Komponenten:

1. Den Abstand zwischen Empfänger und Satellitensender, der aus der Laufzeit des Radiosignals bestimmt wird.
2. Die genauen Bahndaten des Satelliten, da sich dieser in einer Umlaufbahn um die Erde befindet. Der Satellit sendet laufend genaue Bahndaten über seine Umlaufbahn, aus denen der Empfänger die exakte Position des Satelliten zum Zeitpunkt der Standortbestimmung berechnet.
3. Nachdem für den Empfänger nur ein Teil der Satelliten sichtbar ist (mehr als die Hälfte befinden sich unter dem Horizont), benötigt er die ungefähren Bahndaten aller Satelliten, damit er nach dem Einschalten bestimmen kann, nach welchen Satelliten er suchen soll.

5.8.2.2 Was kann ein GPS-Satellitennavigationsgerät?

Positions- und Kursbestimmung:

- Angabe des Standortes, geographische Länge und Breite mit einer Genauigkeit von 15 bis 100 Meter
- Angabe der Meereshöhe
- Zeit- und Datumsangabe, wahlweise in Welt- und Ortszeit
- Angabe der Fahrgeschwindigkeit und Richtung (Kurs über Grund unabhängig von Wind- und Wasserströmung).

Navigationsfunktionen:

- Automatische Speicherung oder manuelle Eingabe von Ziel- und Wegpunkten
- Verknüpfung von mehreren Wegpunkten zu Routen, auf denen man vom Gerät gelotst werden kann.
- Anzeige von Richtung und Entfernung zum nächsten Wegpunkt
- Angabe der seitlichen Abweichung von der kürzesten Linie zum Ziel, die notwendige Kursänderung wird angezeigt
- Verschiedene Alarmfunktionen.

Kontroll- und Initialisierungsfunktionen:

- Alle Maßeinheiten für Eingabe und Anzeige sind wählbar
- Anzeige des Satellitenstatus
- Anzeige der zur Positionsbestimmung benutzten Satelliten, der Signalstärke und der Genauigkeit der Standortbestimmung.

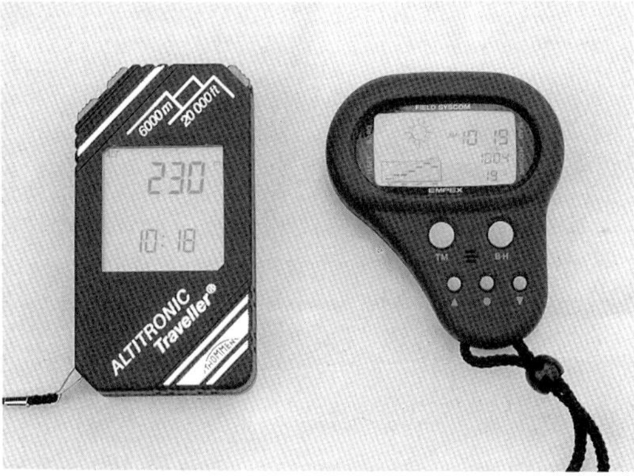

Elektronischer Höhenmesser und elektronische Wetterstation.

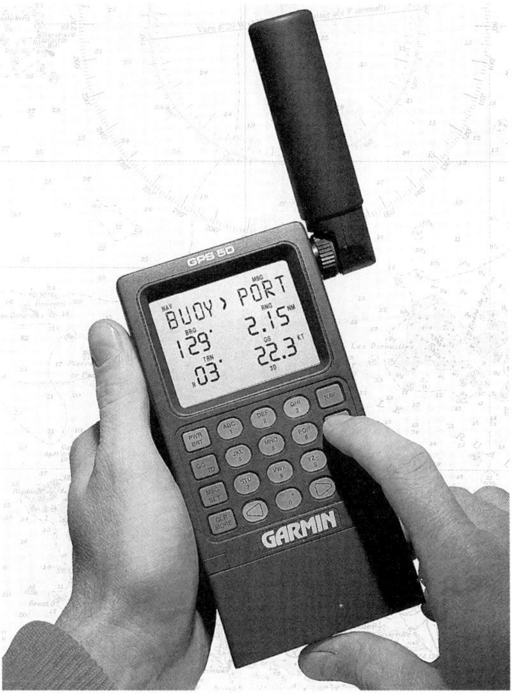

Einfachste Bedienung und Zuverlässigkeit in allen Temperaturbereichen zeichnen das Navigationssystem »GPS 50 Garmin« aus.

5.8.2.3 Wie viele Satelliten benötigt man für eine Standortbestimmung?

Mit GPS-Satellitennavigationsempfängern kann man neben der geographischen Länge und Breite auch die Höhe über dem Meeresspiegel bestimmen. Also drei unbekannte Raumkoordinaten. Für alle Messungen

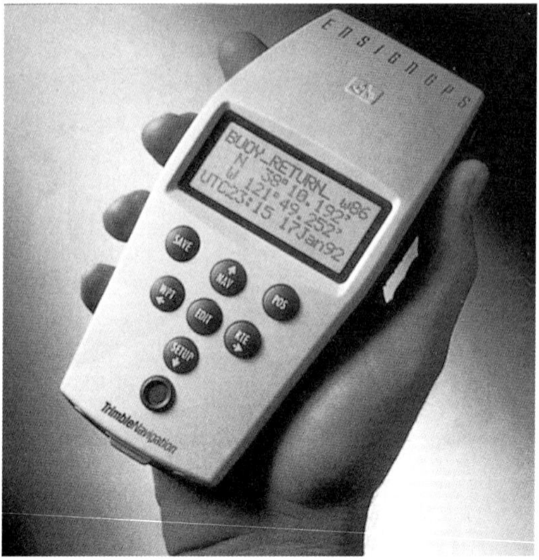

Das Navigationsinstrument »Ensign GPS« läßt sich dank seines ergonomischen Gehäuses problemlos mit einer Hand bedienen.

Das Sony-Satelliten-Navigationssystem besticht durch Präzision und Einfachheit.

ist eine außerordentliche Genauigkeit der Zeitmessung erforderlich, ein Fehler von einer millionstel Sekunde ergibt eine Positionsabweichung von 300 Metern. Diese Genauigkeit ist nur mit Atomuhren erzielbar, mehrere davon befinden sich in einem Satellitensender. Atomuhren

können aber in immer kleiner werdenden Empfängern nicht untergebracht werden. So ist die Zeit auch eine Unbekannte für den GPS-Empfänger. Zur Bestimmung dieser vier Unbekannten sind also vier Meßwerte, also die Abstände des Empfängers zu vier Sendern notwendig. Ist die Höhe bekannt, so kann diese in den Empfänger eingegeben werden. Es reichen dann drei Satelliten aus, man spricht dann von einer zweidimensionalen Positionsbestimmung (2D).
Beim derzeitigen Ausbau des GPS-Satellitennetzes (17 aktive Satelliten) ist 2D-Betrieb immer möglich und der 3D-Betrieb fast immer.

5.8.2.4 Wie genau arbeitet GPS?

Mit den heute auf dem Markt erhältlichen **GPS-Satellitenempfängern kann** durchweg eine Genauigkeit von 15 Metern erreicht werden, aber das US-Verteidigungsministerium kann die Senderdaten so verfälschen, daß die **Genauigkeit für nichtmilitärische Nutzer auf etwa 200 Meter reduziert** wird.

5.8.2.5 Wie viele Kanäle braucht ein GPS-Navigationsempfänger?

Auf dem Markt werden GPS-Navigationsempfänger mit unterschiedlicher Kanalzahl angeboten. Wesentlich ist, daß für eine 3D-Positionsbestimmung vier Satelliten gleichzeitig empfangen werden müssen.
Am verbreitetsten sind zwei Verfahren:

- Mehrere parallele Kanäle, mindestens vier
- Schnelle Multiplex-Technik: mit einem Kanal empfängt die schnelle Elektronik mindestens vier Satelliten gleichzeitig, manche Geräte können bis zu acht Satelliten gleichzeitig empfangen.

5.8.3 Abschlußbetrachtungen

Der Welt größter Hersteller von GPS-Satellitennavigationsempfängern hat das bisher kleinste Gerät angekündigt. Sollte das Gerät die angekündigten Leistungsmerkmale erfüllen, so würde dieses ein sehr taugliches Gerät für den Trekker sein, vor allem wegen seiner geringen Abmessungen und seines geringen Gewichtes.

Kontaktstelle für jene, die mehr Informationen über GPS-Satellitennavigationsempfänger haben wollen:

GPS
Gesellschaft für professionelle Satellitennavigation m. b. H.
Herr Dr. Axel Därr
Theresienstraße 55
8000 München 2

6 DAS WETTER

Beim Bergwandern, aber ganz besonders beim Trekking in außereuropäischen Gebieten, muß man dem Wettergeschehen wesentlich mehr Beachtung schenken als während eines Arbeitstags. Die Gefahr, daß man von Wetterstürzen überrascht wird, ist groß. Sehr schnell und oft kann sich das Wetter (z.B. in Tibet) ändern. Nicht selten erlebt man dort an einem Tag ein Wettergeschehen, als würde man die vier Jahreszeiten im Zeitraffer erleben. Plötzliche Kälte, begleitet von heftigen Schnee- oder Sandstürmen, läßt die Temperaturen unter 0 °C sinken, kurz darauf scheint wieder die Sonne, und die Strahlungstemperatur kann an die 30 °C erreichen.
Die tägliche Wettervorhersage ist somit von großer Bedeutung für die eigene Sicherheit. Die Möglichkeit, über einen Kurzwellenempfänger eine Wettervorhersage zu bekommen, wird nicht in allen Trekkinggebieten möglich sein, so bleibt die Beobachtung der Wolkenbildung und -entwicklung. Dies setzt natürlich voraus, daß man sie zu deuten weiß.

6.1 Die Atmosphäre

Die Lufthülle der Erde, die Erdatmosphäre, wird durch die Schwerkraft festgehalten. Neben einigen Gasen besteht sie auch aus 4% Wasserdampf. Für unser Wetter sind gerade diese 4% Wasserdampf ein entscheidender Motor und Energieträger.
Riesige Mengen von Sonnenenergie werden bei der Umwandlung von Wasser in Wasserdampf in diesem gespeichert. Beim Kondensieren wird diese Energie wieder frei und erwärmt die Luft.
Unser Wettergeschehen spielt sich in der untersten Schicht der Atmosphäre, der Troposphäre, mit einer Ausdehnung an den Polen von etwa 7 km und am Äquator etwa 18 km, ab.

6.2 Physikalische Parameter

6.2.1 Der Luftdruck

Den Druck, den das Gewicht der Luft, das mit zunehmender Höhe abnimmt, auf die Erdoberfläche ausübt, bezeichnet man als Luftdruck, und dieser wird heute meistens in Hektopascal gemessen.

Der Luftdruck nimmt mit der Höhe progressiv ab und halbiert sich alle 5500 Meter.

Als Meßinstrument dient das Barometer bzw. der Höhenmesser. Von einigen Ausnahmen vor allem im Gebirge abgesehen, herrscht bei hohem Luftdruck schönes und bei tiefem Luftdruck schlechtes Wetter.

Wesentlich für das Wettergeschehen ist nicht so sehr der absolute Luftdruck, sondern die Veränderung des Luftdrucks und die Geschwindigkeit der Veränderung. Beim Trekking und beim Höhenbergsteigen hat die Entwicklung des Wetters eine entscheidende Bedeutung, daher ist die laufende Beobachtung des Luftdrucks für die Wettervorhersage sehr wichtig. Dafür eignet sich ein elektronischer Höhenmesser (WESO Field Syscom) besonders gut, auch wenn ich für die reine Höhenmessung einen mechanischen Höhenmesser mit analoger Anzeige vorziehe. Die oben erwähnte »Wetterstation« speichert unter anderem auch den Luftdruck der letzten zwanzig Stunden, der dann jederzeit abgerufen werden kann.

6.2.2 Die Temperaturen

Durch Sonneneinstrahlung wird die Luft erwärmt.

Mit steigender Höhe nimmt die Lufttemperatur zwischen 0,6 bis 1 °C pro 100 Höhenmeter ab.

6.2.3 Die Dichte

Die Dichte ist die Masse einer bestimmten Volumeneinheit. Die Dichte der Luft verringert sich bei höherer Temperatur, d.h. die gleiche Masse nimmt bei höherer Temperatur ein kleineres Volumen ein und vergrößert sich bei tieferer Temperatur.

Abkühlende Luft zieht sich zusammen, sie hat eine höhere Dichte, sie wird schwerer.
Erwärmende Luft dehnt sich aus, sie hat eine geringere Dichte, sie wird leichter.

Auch von der Luftfeuchtigkeit ist die Dichte abhängig.

Feuchte Luft ist leichter als trockene Luft.

Eigentlich würde man das Gegenteil erwarten, d.h. das Wassermolekül müßte schwerer als das Stickstoff- oder Sauerstoffmolekül sein. Wenn das so wäre, würden die Wolken am Boden sein.

6.2.4 Die Luftfeuchtigkeit

Das Wasser spielt im Wettergeschehen eine große Rolle. Es kommt in den drei Zuständen vor: fest, flüssig und gasförmig. Wenn die Luft mit

Wasserdampf gesättigt ist, spricht man von 100% Luftfeuchtigkeit. Wird die hundertprozentige Luftfeuchtigkeit überschritten, so kondensiert der Wasserdampf zu winzigen Tröpfchen und wird als Nebel, Wolke oder Regen sichtbar.

6.2.5 Adiabatik

Trockene aufsteigende Luft kühlt sich um 1°C pro 100 Meter ab. Feuchte, gesättigte, aufsteigende Luft kühlt sich nur um 0,6°C pro 100 Meter ab. Das erklärt sich, weil gesättigte Luft Kondensationswärme freisetzt, dadurch bleibt die Luft wärmer.

6.2.6 Gleichgewichtszustand der Atmosphäre

Man spricht von stabiler, labiler und indifferenter Luftschichtung.
Die Luftschichtung ist stabil, wenn ein gedachtes Luftpaket in seine Ausgangslage zurückgedrängt wird.
Sie ist labil, wenn ein aus seiner Ausgangslage gebrachtes Luftpaket von dieser weiter entfernt wird.
Wenn das Luftpaket in seiner verschobenen Lage bleibt, spricht man von einer indifferenten Luftschichtung.

6.3 Die Winde

6.3.1 Globale Luftströmungen

Atmosphärische globale Luftströmungen werden vor allem durch die Sonneneinstrahlung, unterschiedlich je nach geographischer Breite, Erddrehung und Bodenreibung der Luft hervorgerufen.

6.3.1.1 Dynamische Winde/Druckwinde

Corioliskraft: Durch die Rotation der Erde um die eigene Achse werden die Winde in ihrer usprünglichen Richtung abgelenkt, die großräumige Windrichtung wird durch die Corioliskraft bestimmt. Je höher die Windgeschwindigkeit, um so höher die Corioliskraft.

Auf der Nordhalbkugel lenkt die Corioliskraft die Winde nach rechts ab, die Winde wehen spiralförmig nach rechts aus dem Hoch heraus und entgegen dem Uhrzeigersinn in das Tief hinein. Auf der Südhalbkugel entsprechend umgekehrt.

Reibungskraft: Sie wird durch die Rauhigkeit der Erdoberfläche hervor-

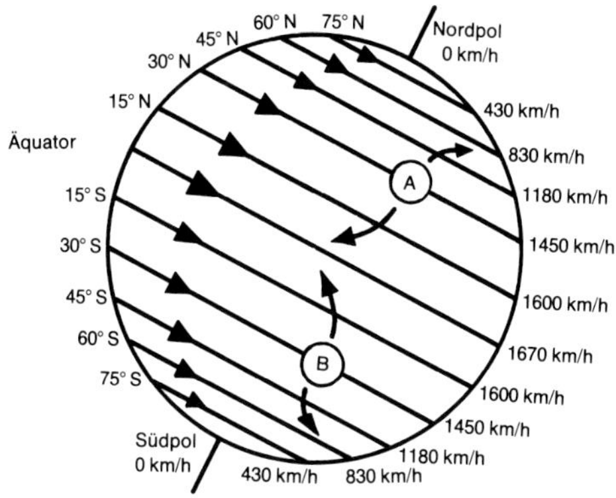

*Die breitenabhängige Geschwindigkeit der Erddrehung. Weil die Erddrehungsgeschwindigkeit zu den Polen hin stark abnimmt, erfahren Luftmassen, die sich nördlich oder südlich bewegen, eine Ablenkung (»**Corioliskraft**«). Dies führt zu einer Rechtsablenkung auf der Nordhalbkugel und zur Linksablenkung auf der Südhalbkugel.*

gerufen. Sie nimmt zum Boden hin stark zu, daher verdoppelt sich in 500 Meter Höhe und in 1500 Meter verdreifacht sich sogar die Windgeschwindigkeit.

6.3.1.2 **Klimazonen der Erde**

Die verschiedenen Klimazonen der Erde ergeben sich durch die atmosphärischen planetarischen Zirkulationssysteme, und diese wiederum sind Folge der Erddrehung, der schräggestellten Erdachse und der sich verändernden Sonneneinstrahlung bei unterschiedlicher geographischer Höhe.

Demnach unterscheidet man fünf große Klimazonen:

- Das tropische Klima ohne kalte Jahreszeiten in den Regenwäldern und Savannen

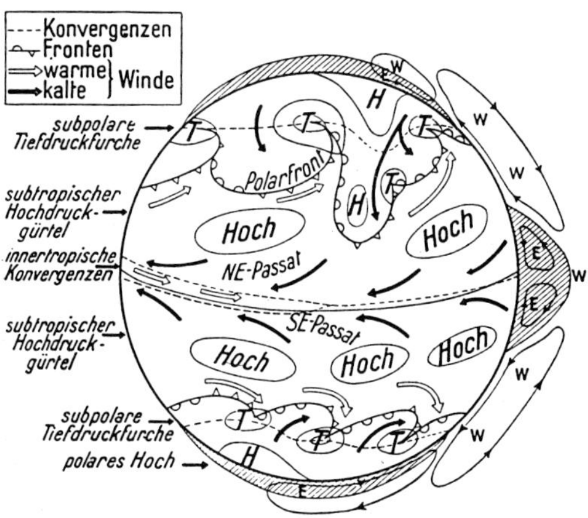

***Globales Zirkulationsmuster:** In der ITC (Innertropische Konvergenzzone) steigt die Luft auf, um auf den Roßbreiten wieder abzusinken (subtropischer Hochdruckgürtel). Ständig wechselhafte Bedingungen herrschen entlang der Polarfront in den gemäßigten Breiten.*

- Das Trockenklima in Steppen und Wüsten
- Das warmgemäßigte und genügend feuchte Klima, z. B. in Mitteleuropa und in den Mittelmeerländern
- Das kühlgemäßigte Klima z. B. in Nordeuropa
- Das Polarklima in den Tundren jenseits der Baumgrenze mit ewigem Frost.

6.4 Hoch – Tief

Hoch- und Tiefdruckgebiete sind Luftdruckgebiete, die sich in ständiger Nachbarschaft befinden. Bei einem Hochdruckgebiet sinkt trockene und kalte Luft aus großer Höhe zu Boden, wobei der Himmel wolkenlos ist, bei einem Tiefdruckgebiet steigt feuchte Luft auf, wodurch es zu Wolkenbildung und Niederschlägen kommt.

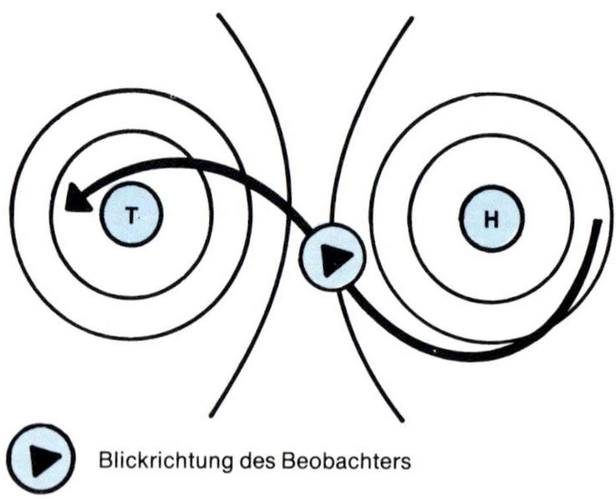

Hoch-Tief-Lage: *Stellt man sich mit dem Rücken zum Wind, befindet sich vorne links das Tief, rechts hinten das Hoch.*

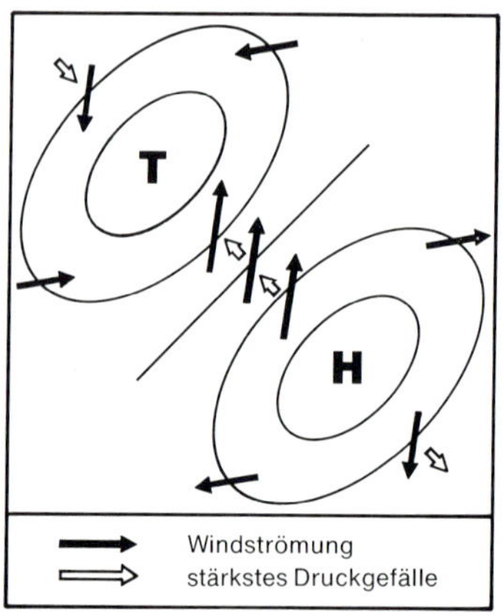

Horizontale Luftströmung *vom Hoch zum Tief auf der Nordhalbkugel. Die Luft strömt im Uhrzeigersinn aus dem Hoch heraus und im Gegenuhrzeigersinn in das Tief hinein.*

6.4.1 Das Tief

6.4.1.1 Die Warmfront

Wenn Warmluft auf Kaltluft aufgleitet, entsteht eine Warmfrontfläche. Durch das flache Aufgleiten der Warmluft auf die Kaltluft wird sie angehoben, kühlt sich ab und kondensiert.

Dabei bilden sich Eiswolken in großer Höhe (Cirren), die man schon ein bis zwei Tage vor Eintreffen der Warmfront als Vorboten erkennen kann.

Die Cirren verdichten sich mit Voranschreiten der Front immer mehr zu Cirrostratus, einem hochliegenden Wolkenschleier, der aus Eiskristallen besteht. Mit Annäherung der Bodenfront sinkt die Wolkenbasis immer mehr ab, es bilden sich Altostratusschichten, die dann in Nimbostratus übergehen. Durch das Herannahen der Warmfront wird die Kaltluft immer mehr verdrängt. Da warme Luft leichter ist, nimmt der Luftdruck ab.

6.4.1.2 Die Kaltfront

Die Kaltfront läuft mit einer Geschwindigkeit von 30 bis 60 km/h auf die Warmfront auf, die sich mit 15 bis 40 km/h bewegt, und unterminiert sie.

Die Kaltfront kündigt sich durch Cumulus-Haufenwolken an, die sich vor der Front befinden.

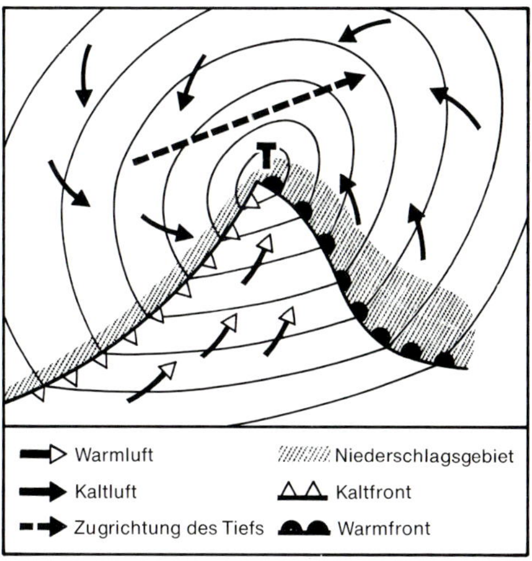

Schema eines Tiefdruckgebietes: *Die in einem Tiefdruckgebiet zusammenfließenden unterschiedlichen Luftmassen bringen meist schlechtes Wetter. Vorstöße von Kalt- bzw. Warmluft sind an charakteristische Wettererscheinungen gebunden.*

Entstehung eines Tiefs

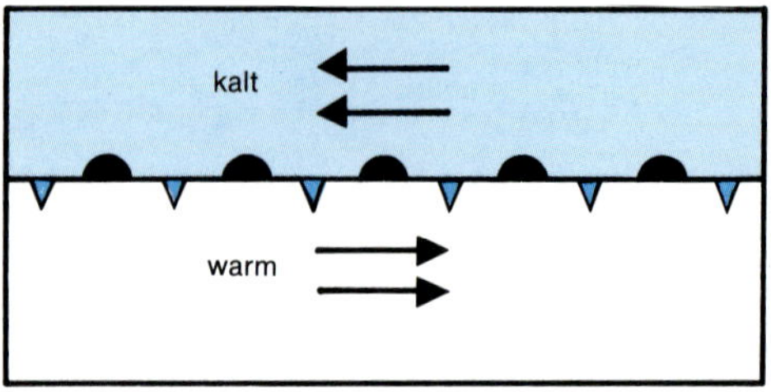

*Die **Polarfront** bezeichnet die Grenzfläche zwischen feuchter Warmluft äquatorialen Ursprungs und polarer Kaltluft. Sie verläuft erdumspannend in den gemäßigten Breiten, und weil beide Luftmassen gegenläufig aneinander vorbeistreichen, kommt es immer wieder zu gegenseitigem Eindringen und Überlagerungen mit großräumigen Wirbelbildungen **(Zyklonen = Tiefs)**.*

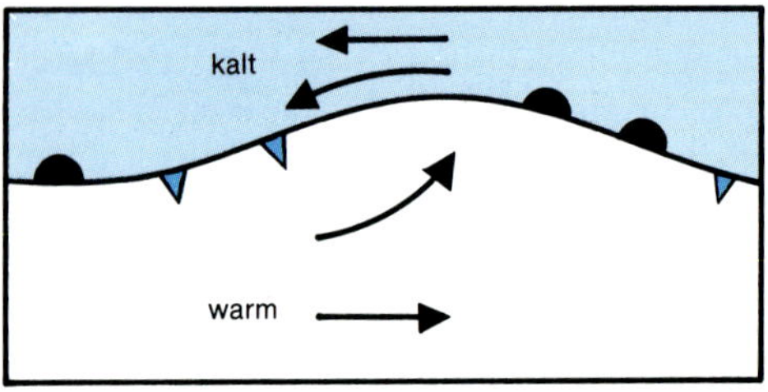

Warme Luft hat die Tendenz, auf die Kaltluft aufzulaufen und sie zu überschichten. Im Gegenzug unterwandert die Kaltluft die äquatoriale Warmluft. Es kommt zu leichten Störungen und Ausbauchungen an der Polarfront.

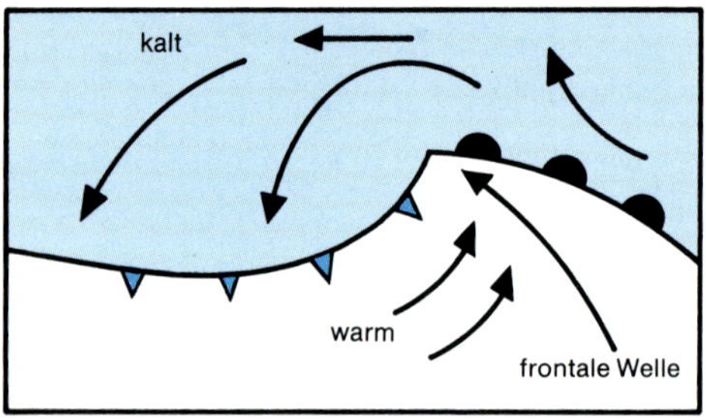

*Ausbildung von **Warmfront** (Halbkreissymbol) und **Kaltfront** (Keile). Die Luftströmungen schließen sich zu einem großräumigen Wirbel (Zyklon).*

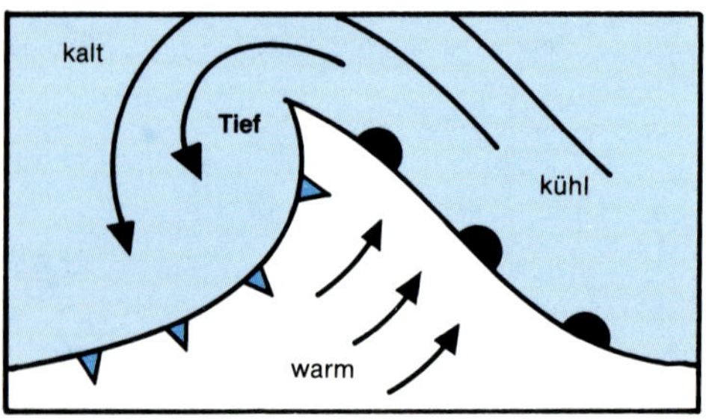

*Die Kaltfront läuft deutlich schneller als die Warmfront und engt den zwischenliegenden **Warmluftkeil** zunehmend ein.*

Das Wetterband, das auf die Kaltfront folgt, ist relativ schmal, bei der hohen Geschwindigkeit der Front kommt es zu kurzen, aber kräftigen Gewittern bzw. Regenschauern, manchmal sogar Hagel (Cumulonimbus-Gewitterwolken). Hinter der Kaltfront klingt die Schauertätigkeit rasch ab, sonnige Abschnitte und Schauer lösen einander ab.

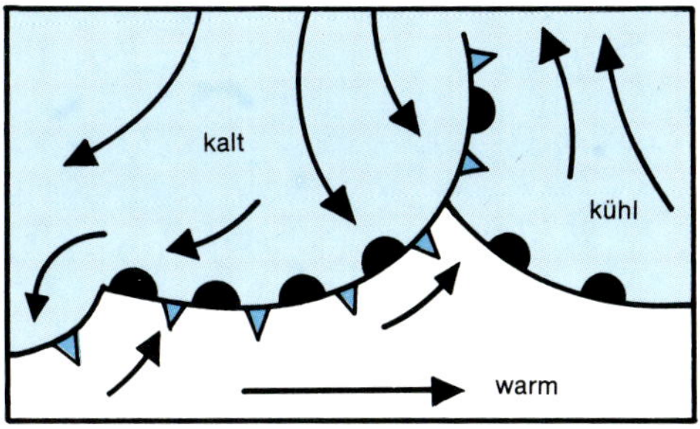

Okklusionsfront: *Vom Kern des Tiefs beginnend schließt sich zunehmend ein Warmluftkeil, d. h., die Kaltfront hat die gesamte Warmluft über die vor ihr liegende Kaltluft aufgeschoben. Die Warmluft wird nunmehr durch beide Kaltluftmassen vom Boden abgehoben und immer mehr in die Höhe verfrachtet.*

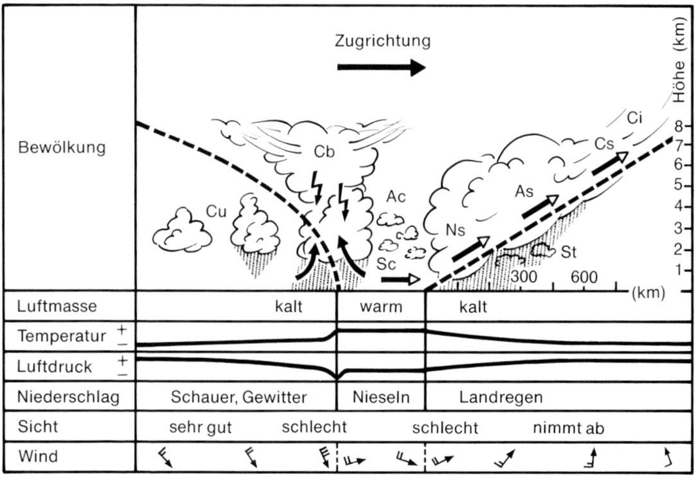

Querschnitt durch ein Frontensystem. *Die Windangaben erfolgen mit Symbolen, wie sie auf Wetterkarten verwendet werden.*

Für die Dauer des Durchzugs der Kaltfront steigt der Luftdruck kurzfristig stark an.

6.4.1.3 **Die Okklusionsfront**

Die »aktive« Kaltfront, die sich schneller bewegt als die »träge« Warmfront, holt diese ein, unterwandert sie, engt sie ein und läuft auf den Kaltluftkeil auf. Dadurch wird der Warmluftsektor in die Höhe gedrängt, somit herrscht an der Okklusionsfront das schlechteste Wetter des Tiefs.

6.5 Gewitter

Im Gebirge entstehen sie meist durch das Zusammenwirken von kühler und feuchter Höhenluft mit der überhitzten Luft der Talböden. Trifft die starke Thermikentwicklung auf labile Schichtung, so können aus Schönwettercumuli rasch voluminöse Haufenwolken entstehen, die sich weiter zu Cumulonimbus, also Gewitterwolken, entwickeln. Dabei können riesige Energiemengen im Spiel sein. Entsprechende Vorsicht ist daher vom Trekker bzw. Bergsteiger geboten.

Verhaltensmaßregeln:
Da die Erdoberfläche und der physische Aufbau der unteren Bodenstrukturen (nicht sichtbare unterirdische Wasseradern) sowie die Leitfähigkeit des Bodens den Ort eines Blitzschlags beeinflussen, gibt es keinen blitzsicheren Ort.
Unbedingt meiden sollte man hohe Geländepunkte, Gipfel, Grate, einzeln stehende Felsbrocken, senkrechte Felswände, Wasserläufe, erdige Moorflächen, einzelstehende Bäume, den Waldrand, Fahrräder und alle Ausrüstungsgegenstände aus Metall und Eisen.
Bedingten Schutz bieten Zelte und Häuser ohne Blitzschutzanlage. Dabei muß man sich in der Mitte des Raumes bzw. Zeltes in Hockstellung aufhalten und darf die Außenwände und die Zeltstangen nicht berühren.
Während das Verweilen unter einzeln stehenden Bäumen und am Waldrand gefährlich ist, findet man im Innern des Waldes sicheren Schutz.
Im freien Gelände sollte man tiefgebückt in einer Mulde Schutz suchen.

6.6 Wolkenformen

Neben den meßbaren, wetterbestimmenden Wetterfaktoren kommen der Deutung der Wolkenformen und der Ziehung von Schlüssen für das Wettergeschehen eine große Bedeutung zu.

Aus der Beobachtung der Wolken, des Windes, der Veränderung von Temperatur und Luftdruck ist eine Wettervorhersage möglich.

In außereuropäischen klassischen Trekkinggebieten ist das von Bedeutung, da man in den meisten Fällen keine Wetterberichte erhalten wird.

Zur Deutung des Wetters aus dem Wolkenbild sind zweierlei Dinge nötig. Erstens ein Einteilungsschema der Wolken und zweitens die Kenntnis von den Gesetzen, nach denen die Atmosphäre ihre Formen und Gestalten hervorbringt. Dazu ist es notwendig, die Wolken nach ihrem Aussehen und ihrer Höhe am Himmel zu unterscheiden. Es gibt zehn Wolkengattungen, die in vier Familien zusammengefaßt werden.

Schema der Wolkengattungen

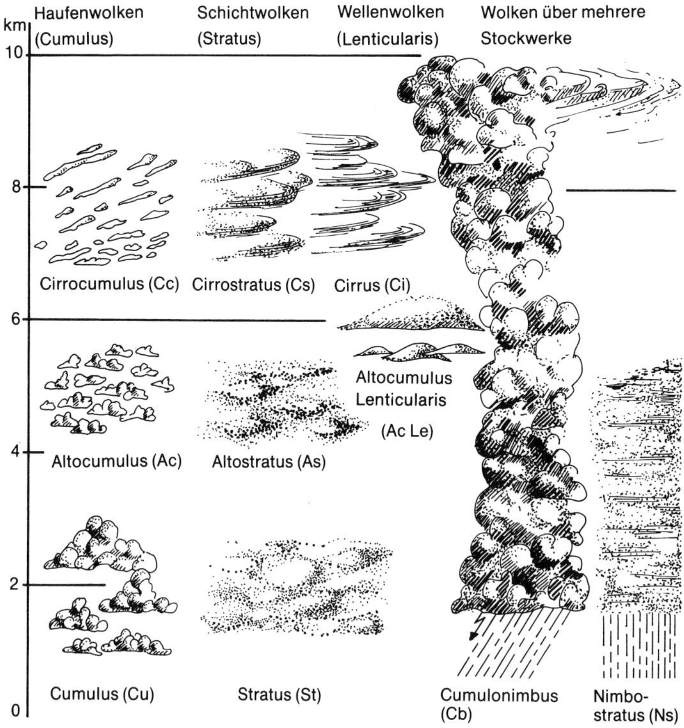

Wolkenarten und ihre Höhenzuordnung.

6.6.1 Hohe Wolken

6.6.1.1 Cirrus (Ci)

Höhenlage 5 bis 13 km, Temperaturbereich –20 °C bis –60 °C. Wolkenelemente Eiskristalle.

Haben ein haarähnliches oder fasriges und wie vom Wind verwehtes Aussehen. Die zarten Fäden, weißen Flecken und schmalen Bänder sind von seidigem Glanz.

Wetterbedeutung:

- Nähern sich Cirrusfelder und Kondensstreifen aus östlichen Richtungen, kaum bewegend oder auflösend, ergibt sich eine Kräftigung der Hochdruckwetterlage bzw. Wetterbesserung.
- Vereinzelt und unregelmäßig verteilt, stillstehend oder aus östlicher Richtung kommend, keine Änderung der Schönwetterlage.

- Wenn sie sich aus Südwest bis Nordwest nähern und verdichten und das bei fallendem Luftdruck und zunehmender Feuchtigkeit, kündigt sich das Eintreffen einer Warmfront mit Wetterverschlechterung binnen 8 bis 24 Stunden an.

6.6.1.2 Cirrocumulus (Cc)

Höhenlage 5 bis 13 km, Temperaturbereich –20 °C bis –60 °C. Wolkenelemente Eiskristalle.
Sie zeigen sich als dünne weiße Flecken, Felder oder Schichten ohne Eigenschatten und setzen sich aus kleinen, körnig gerippelten oder geflockten Einzelwolken zusammen.

Wetterbedeutung:
- Zeigt Labilisierung in der Höhe an, im Sommer Gewittervorbote für den Nachmittag oder Abend, oder aber am häufigsten bei Föhn.
- Wenn sie aus dem Westen schnell aufziehen, bringen sie Wetterverschlechterung in 18 bis 36 Stunden.

6.6.1.3 Cirrostratus (Cs)

Höhenlage 5 bis 13 km, Temperaturbereich –20 °C bis –60 °C. Wolkenelemente Eiskristalle.
Ist ein durchscheinender, milchiger, weißlicher Eisschleier von fasrigem, haarähnlichem oder einförmigem Aussehen, der den Himmel ganz oder in großen Teilen überzieht. Es treten Haloerscheinungen, das ist ein kreisförmiger, leicht gefärbter Beugungs- oder Brechungsring um die Sonne oder den Mond auf, der durch die Reflexion des Sonnen- oder Mondlichtes an seinen Eiskristallen entsteht.

Wetterbedeutung:
- Zeigt bei fallendem Luftdruck mit Sicherheit Wetterverschlechterung an, vor allem bei nebel- und schleierartigen Cs setzt Niederschlag etwa in 8 bis 24 Stunden ein und kündigt sich durch Haloerscheinungen an.

6.6.1.4 Kondensstreifen

Sie bilden sich in der Bahn eines Flugzeugs, wenn die umgebende Luft genügend kalt und feucht ist, durch die Abgase, die bei der Kraftstoffverbrennung entstehen und einen hohen Anteil an Wasserstoff enthalten.

Wetterbedeutung:
- Wenn sie sich verzögern, oder gar nicht auflösen bzw. noch verbrei-

***Wolkenbilder:** 1 Cumuluswolken, Quell- oder Haufenwolken, 2 Cumulonimbus, Gewitterwolke im Aufbaustadium, 3 Kaltfront, 4 Cirruswolken, 5 Altocumulus lenticularis, Föhnwolken, Föhnfische, 6 Cirrocumulus.*

1 △

2 △

3 △

4 △

5 ▽

6 ▽

tern, zeigen sie eine Feuchtezunahme an und damit eine sich anbahnende Wetterverschlechterung.

- Lösen sie sich schnell auf, bleibt der Hochdruckeinfluß erhalten, das Wetter verändert sich nicht.

6.6.2 Mittelhohe Wolken

6.6.2.1 Altocumulus (Ac)

Höhenlage 2 bis 7 km, Temperaturbereich 0 °C bis –30 °C. Wolkenelement Eiskristalle und unterkühltes Wasser.

Es handelt sich um Flecken, Felder oder Schichten von Wolken. Sie haben einen Eigenschatten und sehen deshalb häufig grau oder grauweiß aus. Sie bestehen aus schuppenartigen Teilen, aus einzelnen Ballen oder aus Walzen und erscheinen manchmal fasrig oder verwaschen. Sie bestehen aus unterkühlten Wassertröpfchen.

Wetterbedeutung:

- Schichtförmige Ac sind ohne besondere Bedeutung.
- Linsenförmige Ac in freier Atmosphäre ohne Gebirgshindernis ergibt Wetterverschlechterung in 12 bis 24 Stunden.
- Schichtförmige und wellen- bzw. wogenförmige Ac bringen Schlechtwetter in 12 bis 24 Stunden, im Sommer ab Nachmittag Gewittergefahr.
- Türmchenförmige und flockig bauschige Ac am morgendlichen Himmel im Sommer bringen mit hoher Wahrscheinlichkeit Gewitter oder Schauer am Nachmittag oder Abend.

6.6.2.2 Altostratus (As)

Höhenlage 2 bis 7 km, Temperaturbereich 0 °C bis –30 °C. Wolkenelement Eiskristalle und unterkühltes Wasser.

Konturlose graue oder graublaue Wolkenfelder oder -schichten von streifigem oder fasrigem Aussehen. Läßt die Sonne noch schwach durchdringen.

Wetterbedeutung:

- Durchscheinende As bringen Wetterverschlechterung mit Niederschlag in 6 bis 12 Stunden bei Annäherung einer Warmfront.
- Doppel- und mehrschichtige As, As mit Fetzenwolken bringen anhaltendes Schlechtwetter.

6.6.3 Tiefe Wolken

6.6.3.1 Stratocumulus (Sc)

Höhenlage 0 bis 2 km, Temperaturbereich +15 °C bis 0 °C. Wolkenelement Wasser (Schneesterne).

Eine der häufigsten Wolkenformen. Eine Schichthaufenwolke setzt sich mosaikartig aus Schollen, Ballen und Walzen zusammen. Die Bewölkung hat grau-weiße Flecken, Felder oder Schichten mit dunkler Basis.

Wetterbedeutung:

- Schichtförmige, nicht durchscheinende dunkle Sc vor allem in der kälteren Jahreszeit bringen anhaltendes Hochdruckwetter, gegebenenfalls mit leichtem Nieseln, sonst niederschlagsfrei.
- Schichtförmige durchsichtige bzw. durchscheinende Sc bringen bei sich vergrößernden Wolkenlücken Wetterbesserung.
- Schichtförmige durchlöcherte, wellen- oder wogenförmige, doppel- und mehrschichtige Sc bringen meist nur vorübergehende Wetterbesserung.

6.6.3.2 Stratus (St)

Höhenlage 0 bis 2 km, Temperaturbereich +15°C bis 0°C. Wolkenelement Wasser (Schneesterne).
Ist eine durchgehend graue, einheitliche, hochnebelartige Wolkenschicht mit einförmiger Untergrenze, aus der Sprühregen, Eiskristalle oder Schneegriesel fallen können. Oft tagelang.

Wetterbedeutung:

- Nebel- und schleierartige St bedeuten Gewittergefahr bei hoher Feuchte.
- Zerrissene St bringen anhaltenden oder bald einsetzenden Niederschlag.
- St mit Niederschlag führen vorwiegend in der kälteren Jahreszeit zu meist länger anhaltendem neblig-trübem Wetter.

6.6.3.3 Dunst und Nebel

Wetterbedeutung:

Anzeichen für kommendes und beständiges Schönwetter:

- Heller, weißlicher Dunst bei Sichten über 15 km
- Dunstschicht über Tälern und gute Fernsicht in den Bergen
- Fallender, sich auflösender Nebel.
- Starker Taufall in der Nacht.

Anzeichen für Wetterverschlechterung:

- Besserung der Sichtweite über 50 km
- Auflösung von Dunstschichten
- Nach klarer Nacht kein Taufall
- Gute Fernsicht und klarer Himmel in den Frühstunden bei auflebendem Wind
- Aufsteigender Nebel mit Bildung einer tiefliegenden, zunehmend dichten Wolkendecke
- Beschlagen von Flächen und Gegenständen
- »Fallender« Rauch.

6.6.4 Wolken mit großer vertikaler Ausdehnung

6.6.4.1 Nimbostratus (Ns)

Höhenlage 0 bis 13 km, Temperaturbereich +15 °C bis –60 °C. Wolkenelement Eiskristalle, Schneesterne, unterkühltes Wasser, Hagelkörner, Wasser.
Graue bis dunkle Schlechtwetterwolke, die das ganze Himmelsbild einnimmt. Sie ist so dicht, daß die Sonne unsichtbar bleibt und das Tageslicht stark gedämpft wird.

Wetterbedeutung:
- Ns mit Fallstreifen deuten auf unmittelbar bevorstehenden Niederschlag hin.
- Ns mit Niederschlag und Schlechtwetterfetzen bringen Schlechtwetter mit meist anhaltenden Regen- oder Schneefällen.

6.6.4.2 Cumulus (Cu)

Höhenlage 0 bis 13 km, Temperaturbereich +15 °C bis –60 °C. Wolkenelement Eiskristalle, Schneesterne, unterkühltes Wasser, Hagelkörner, Wasser.
Einzelne, voneinander getrennte, dichte und scharf abgegrenzte Quellwolken, die sich in Form von Kuppeln, Hügeln oder Türmen in die Höhe entwickeln und oft wie Blumenkohl aussehen.

Wetterbedeutung:
- Niedrige Cu, die mittags entstehen und sich abends auflösen, bringen meist beständiges Wetter.
- Mittelmäßige und mächtig aufgetürmte Cu, wenn sie gegen Mittag entstehen, bringen Gewitter und Schauer am Nachmittag oder Abend.
- Mächtig aufgetürmte Cu, die aus dem Südwestsektor heranziehen, bringen nachhaltige Wetterverschlechterung, eine Kaltfront wird in 6 bis 12 Stunden durchziehen.
- Cu mit Kappe oder Schleier sind Schauerwolken, ein Vorstadium zum Gewitter.
- Mittelmäßige und mächtig aufgetürmte Cu, wenn sie am Abend- oder Morgenhimmel aufziehen, bringen Wetterverschlechterung in den nächsten 12 bis 24 Stunden.

6.6.4.3 Cumulonimbus (Cb)

Höhenlage 0 bis 13 km, Temperaturbereich +15 °C bis –60 °C. Wolkenelement Eiskristalle, Schneesterne, unterkühltes Wasser, Hagelkörner, Wasser.
Massige, sehr hohe Quellwolke. Diese klassische Gewitterwolke ändert ihre Form und ihr Aussehen sehr rasch. Der obere Teil ist abgeflacht und besteht aus glatten, fasrigen oder streifigen Wolkenteilen, er breitet sich meist amboßartig oder wie ein Federbusch aus. Das Anwachsen

eines Cumulus zu einem Cumulonimbus, zu einer Gewitterwolke, ist ein gewaltiges Schauspiel. Eine hochreichende Feuchtlabilität der Atmosphäre löst eine gewaltige Thermik aus, die dabei freigesetzte Verdunstungswärme beschleunigt die entstehenden Aufwinde, die Wolkentürme über alle Wolkenstockwerke bis zur Tropopause aufbauen. Blitz und Donner, starke und schauerartige Regenfälle, stürmische und böige Winde und nicht selten Hagel begleiten dieses eindrucksvolle Schauspiel.

6.7 Klimazonen einiger traditioneller Trekkinggebiete

6.7.1 Nepal

Das Klima Nepals wird, wie in Indien, vor allem vom Monsun bestimmt, der von Juni bis September Regenfälle aus dem Süden bringt. In der Nichtmonsun-Zeit weht der Wind vorwiegend aus den trockenen innerasiatischen Gebieten nach Süden und verhindert weitgehend Niederschläge.
Je nach Höhenlage findet man in Nepal die unterschiedlichsten Klimaabstufungen, vom subtropisch-warmen Einfluß im Süden über den gemäßigten Bereich der Mittellagen bis hin zu den arktisch kalten Zonen der Eisgipfelregion. Im nepalesischen Kernland ist das Klima ausgeglichen, in Kathmandu steigen die Temperaturen in der Monsunzeit von Mitte Juni bis Mitte September selten über 30 °C.
In der Trockenzeit wird es in der Nacht empfindlich kalt (manchmal bis 0 °C), während des Tages hat es frühlingshafte Temperaturen (16 bis 20 °C). Für Wanderungen ist diese Zeit ideal, da die Berge nicht durch Dunstwolken verdeckt sind.

Ideale Trekking- und Bergtourenzeit ist von Mitte Oktober bis Ende April, wenn keine Gefahren durch Wolkenbrüche, Erdrutsche, Lawinen und Blutegel drohen.

6.7.2 Tibet

Im Süden und Osten Tibets stellt der Himalaya einen Schutzwall gegen die regenbringenden Monsunwinde dar, die Regenmenge nimmt laufend ab, je weiter Sie nach Norden reisen. Schneefall ist weit seltener in Tibet, als der Name »Land des Schnees« impliziert. Die Sonne schmilzt den gefallenen Schnee schnell weg. Der Bereich, in dem Temperaturen schwanken, ist sehr groß, von Werten unter Null am Morgen und Abend bis zu glühenden 38 °C zu Mittag. Im Norden und Westen Tibets gibt es selten Regen, aber weniger als 100 Tage im Jahr sind frostfrei und Temperaturen bis zu –40 °C gibt es durchaus.
Nördliche Monsune stürmen über die weiten Ebenen während mehrerer Tage und wirbeln Sandstürme, Schneestürme und selten Regenstürme

auf. Im Sommer liegt die Schneegrenze im Norden und Osten zwischen 5000 und 6000 Metern, im Süden sogar höher als 6000 Meter. Die Wetterbedingungen können sehr rauh sein, obwohl es viel Sonnenschein gibt, Sie können an ein und demselben Tag geröstet werden und frieren. Im Sommer ist Staub ein großes Problem, und es kann während des Tages sehr heiß werden. Im Winter sind die Temperaturen viel niedriger, und Überlandstraßen können für Wochen unpassierbar sein. Im späten Sommer kommt es zu langen Verspätungen der Transporte wegen Überschwemmungen und Muren. Unter diesen Umständen ist es wirklich nicht möglich, die beste Reisezeit zu empfehlen. Ein Wetter wird Sie erwischen, egal zu welcher Jahreszeit.

Der Frühling hat noch die Tendenz zu den besten Wetterbedingungen. Vom Mai bis Mitte September sind die besten Bedingungen für einen Aufenthalt in Lhasa.

Trotzdem haben es manche im Februar nicht so schlecht empfunden, nachdem sie sich einmal an die stechende Kälte gewöhnt hatten.

6.7.3 Peru, Bolivien, Ecuador

Alle drei Länder liegen in der Tropenzone und haben sehr geringe jahreszeitliche Schwankungen, aber große Unterschiede zwischen Tag- und Nachttemperatur. Die Tageslänge von 12 Stunden ist während des ganzen Jahres annähernd gleich. Die Regenzeit, die wärmste Jahreszeit, ist im Winter und fällt mit dem europäischen Winter zusammen. Die Trockenzeit, die kühlste Jahreszeit, ist im Sommer und fällt mit dem europäischen Sommer zusammen.
Das Hochgebirgsklima in den Anden ist gekennzeichnet durch Regenreichtum an der Westseite der Westkordillere und an der Ostseite der Ostkordillere. Geringe Niederschläge bis Trockenheit gibt es in den Hochbecken zwischen den Kordilleren. Außerdem niedrigere Temperaturen und größere Unterschiede zwischen den Tag- und Nachttemperaturen. Trotzdem kann das Klima als ein warm-gemäßigtes, frühlingshaftes Höhenklima bezeichnet werden.

6.7.4 Ostafrika

Das Klima ist dem hochsommerlichen europäischen Klima vergleichbar, wobei während der Feuchtperioden mit starken Regengüssen zu rechnen ist.

Kilimanjaro:
Eine Kilimanjarobesteigung wird man am besten von Dezember bis Februar planen.

Ein Besuch in einem der vielen Nationalparks ist ein unbedingtes Muß in Afrika.

Der Kibo hat gemäßigtes Klima, und man gibt Oktober bis November als reine Regenzeit an. Natürlich ab 4000 Meter in Schnee übergehend.

Ruwenzori:
Die Ruwenzoris besitzen ihr eigenes Mikroklima, das sich durch eine besonders hohe Luftfeuchtigkeit und Niederschlagsmenge auszeichnet. Die Berge sind beständig von Dunst umhüllt, und der oft peitschende Regen verwandelt die Hänge in schlüpfrige Rutschbahnen.

In den sogenannten »trockenen« Monaten (Ende Dezember bis Mitte Februar und Anfang Juni bis Anfang Juli) gibt es streckenweise klare Perioden, doch diese genau abzupassen, gelingt nur mit einer Portion Glück.

6.8 Wetterpraxis und Wetterprognose

6.8.1 Allgemeine Wetterprognose

6.8.1.1 Wetterverschlechterung

Das Morgenrot ist ein untrügliches Anzeichen am Himmel, daß eine Wetteränderung bevorsteht. Eine Verfärbung des Himmels vor Sonnenaufgang läßt eine erhebliche Verschlechterung erwarten, dazu noch einige weitere Kriterien: Abendgrau, Sonnenringe und Nebensonnen, gute Fernsicht und dunkelgrau erscheinende Berge, steigender Nebel, klarer Himmel morgens bei starkem Wind.

6.8.1.2 Schönes Wetter

Das Abendrot am wolkenlosen Horizont ist ein untrügliches Anzeichen für einen schönen nächsten Tag. Beständiges Wetter für die nächsten Tage gibt es dann, wenn das Abendrot mit rosaroten Cirren einhergeht. Weitere Kriterien sind Morgengrau, starker Tau frühmorgens, Ostwind, der im Sommer große Hitze und im Winter starken Frost bringt.

6.8.2 Kurzzeitige Wetterprognose

Mit nachfolgenden Geräten kann der Laie Wetterveränderungen leicht erkennen und daraus Schlüsse für die kurzzeitige Wetterprognose ziehen. Selbstverständlich muß aber immer abgewogen werden, ob der Aufwand, diese Geräte mitzutragen, im richtigen Verhältnis zu den aus der Wetterprognose erzielbaren Ergebnissen steht.

6.8.2.1 Außenthermometer

Muß im Schatten angebracht werden.
Rascher Rückgang im Sommer läßt starkes Gewitter und Hagel befürchten. Im Winter ist mit lang anhaltendem Frost zu rechnen.
Das Steigen des Thermometers im Sommer beginnt bereits morgens bei 20 °C und läßt dann einen heißen Tag erwarten. Im Winter folgt Tauwetter auf nachlassende Kälte.

6.8.2.2 Hygrometer

Wenn die gemessenen Werte um 50% Luftfeuchtigkeit liegen, ist die Wetterlage stabil, es ist mit schönem Wetter und trockener Luft zu rechnen. Bei Werten, die an die 100% Luftfeuchtigkeit reichen, verschlechtert sich das Wetter.

6.8.2.3 Barometer

Fällt der Luftdruck, so wird dies durch Fallen des Barometers angezeigt, schlechtes Wetter ist die Folge. Sturm und Gewitter, nicht selten mit Hagel, werden durch schnell fallenden Luftdruck angezeigt.
Steigendes Barometer zeigt anhaltend schönes Wetter an, das im Herbst oft über Wochen anhält.

6.8.2.4 Kompaß und Wind

Wenn der Wind aus West bis Süd weht, ist mit einer Wetterverschlechterung zu rechnen. Dabei nimmt die Windstärke ab, sie liegt zwischen 0 bis 4 Beaufort.
Bläst der Wind aber aus Nordost bis Ost, tritt Wetterbesserung ein, die Windstärke nimmt zu, sie liegt über 5 Beaufort. Grundsätzlich ergeben langsame Veränderungen anhaltendes Wetter, schnelle Veränderungen hingegen unbeständiges Wetter.

7 TREKKINGMEDIZIN

7.1 Allgemeine Voraussetzungen

In den Ländern der dritten Welt wird der weiße Ausländer unbesehen als Arzt eingestuft, und das ist nicht ganz ungefährlich. Laut Stammessitten zählt für den Arzt nur der Erfolg, und wenn der ausbleibt, kann es zu Aggressionen der Behandelten oder deren Angehörigen kommen. Also, Vorsicht und Zurückhaltung ist angeraten, bei Unsicherheit sollte man sich auf harmlose Hilfen beschränken.

7.2 Höhenmedizin

Inhaltlich stützen sich die Ausführungen in diesem Kapitel weitgehend auf das Buch »Bergmedizin heute« von Dr. Franz Berghold (siehe Literatur).

7.2.1 Welche Auswirkungen hat die Höhe auf den menschlichen Körper?

In der Abbildung auf Seite 92 sind die Zusammenhänge zwischen Höhe, Druck und Temperatur graphisch dargestellt. Wir sehen den direkten Zusammenhang zwischen zunehmender Seehöhe und abnehmendem Luftdruck, d.h. damit nimmt auch der Sauerstoffgehalt der Atemluft ab. Außerdem nimmt auch die Durchschnittstemperatur der Luft ab. Auf 5500 Meter Seehöhe ist nur mehr halb so viel Sauerstoff vorhanden wie auf Meeresniveau, auf 8500 Meter nur mehr ein Drittel. Das bedeutet, daß in dieser Höhe nahezu der gesamte Luftsauerstoff zum reinen Überleben benötigt wird und kaum mehr Leistungen möglich sind.

7.2.2 Allgemeines

Im alpinen Bereich ist Wandern und Bergsteigen eine allumfassende Ausdauersportart mit besonderen Kraftkomponenten. Beim Trekking im außeralpinen Bereich muß man auf zwei weitere Komponenten achten. Die klimatisch ungewohnte Umgebung und die meist beträchtlichen Höhenlagen, in denen getrekkt wird.

Der umfangreichen Information, der Vorbereitung auf das Vorhaben und dem richtigen Verhalten kommt daher eine besondere Bedeutung zu.

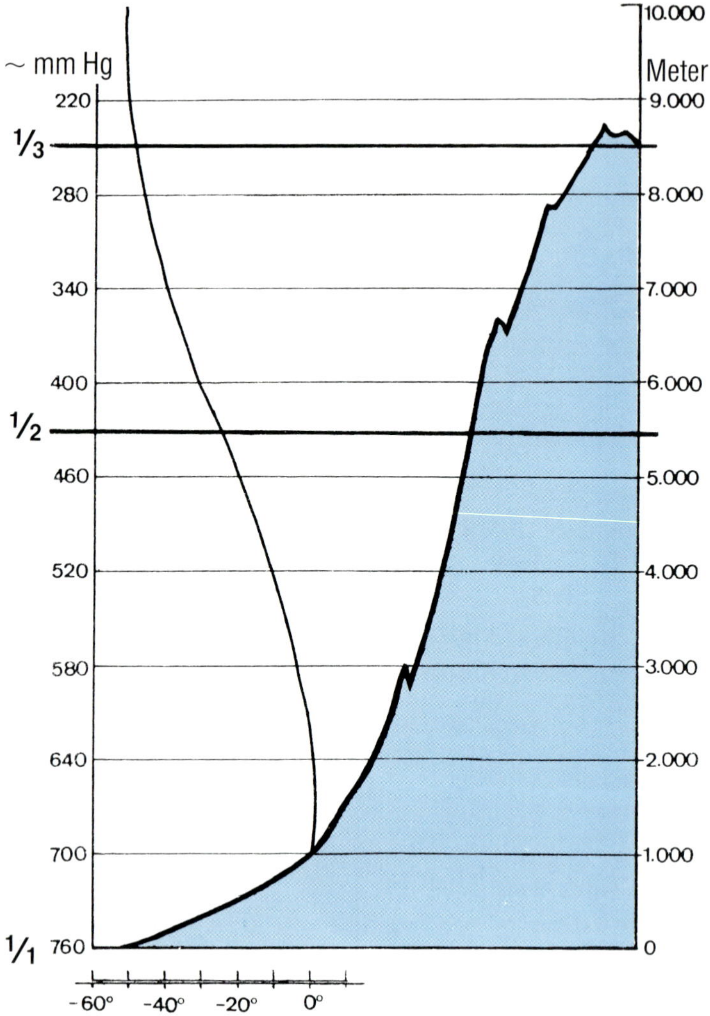

Zusammenhänge zwischen Höhe, Druck und Temperatur.

7.2.3 Vorbereitung zu Hause

7.2.3.1 Genaue sportärztliche Untersuchung

Am besten lassen Sie eine Fahrradergonometrie über sich ergehen, internistischer Status, Zahnsanierung (in der Höhe bereiten Entzündungsherde wegen der Abnahme des Luftdrucks wesentlich stärkere Schmerzen), Sanierung eventueller chronischer Herde (Mandeln, Kieferhöhlen), Lungenstatus.

7.2.3.2 Impfungen

Beginnen Sie damit zwei Monate vor der Abreise, lassen Sie sich in einem tropenmedizinischem Institut beraten.

7.2.3.3 Gezieltes extensives Ausdauertraining

Bei einer sportärztlichen Untersuchung mit Fahrradergonometrie bekommen Sie neben Ihrem derzeitigen Trainingsstatus eine auf Sie abgestimmte individuelle Trainingsempfehlung für die weitere Steigerung Ihrer Ausdauerleistungsfähigkeit. Oft beginnt man mit dem Training zu spät und macht dann einen weiteren Fehler, man trainiert zu intensiv, was letztlich zu einer Abnahme der Ausdauerleistungsfähigkeit führt. Also genau das Gegenteil von dem, was man erreichen will.

Tägliches, über einige Wochen gehendes extensives Training erhöht die Ausdauerleistungsfähigkeit.

Am besten, Sie lassen sich in einem Institut für Sportmedizin an einer Universität beraten.

7.2.3.4 Allgemeine tropenhygienische und reisemedizinische Informationen

Holen Sie sich Tips und Ratschläge von Ihrem Trekkingreisen-Veranstalter, von Tropeninstituten oder von Leuten, die eine Reise ähnlicher Art schon gemacht haben.

Keine Frage ist zu dumm, um nicht gestellt zu werden!

7.2.3.5 Vermeiden von Durchfallerkrankungen und fieberhaften Infekten

Unmittelbar vor der Abreise bzw. vor Erreichen größerer Höhen sollten Sie erhöhte Vorsicht walten lassen, um Durchfallerkrankungen und fieberhafte Infekte zu vermeiden.

7.2.4 Während der Bergfahrt

7.2.4.1 Ausgiebiger Flüssigkeitsersatz

Trotz eventueller technischer Schwierigkeiten bei der Flüssigkeitszubereitung (zweifelhaftes Trinkwasser, Schnee schmelzen usw.) müssen Sie von Anfang an vorrangig darauf achten, daß Sie ausreichend Flüssigkeit zu sich nehmen, möglichst mit mineralsalzhaltigen Getränken.

Halten Sie sich daran, daß Sie nicht trinken, um Ihren Durst zu stillen, sondern Sie trinken, um das Flüssigkeits- und Elektrolytdefizit möglichst weitgehend in Grenzen zu halten.

Weder das Durstgefühl noch die subjektiv empfundene Intensivität des Schwitzens gibt nur annähernde Hinweise auf den tatsächlichen aktuellen Flüssigkeitsbedarf. Statt dessen gibt es drei – auch vom Laien leicht erkennbare – Alarmzeichen als Hinweise für einen eventuell bedrohlichen Flüssigkeitsverlust:

1. Akuter täglicher Gewichtsverlust ist immer gleich Flüssigkeitsverlust.
2. Die tägliche Urinmenge und nicht die Urinfarbe ist entscheidend:
   - bedenklich unter 1000 ml/24 Stunden
   - bedrohlich um 500 ml/24 Stunden

   Die Tagesurinmenge läßt sich sehr einfach durch »Sekundenzählen« abschätzen.
3. Der Ruhepuls ist höher als zu Hause.

Als Faustregel gilt, daß man pro Stunde körperlicher Anstrengung in der Höhe zusätzlich einen Liter Flüssigkeit benötigt.

7.2.4.2 Optimale Ernährungsgewohnheiten

In der Höhe sollte die Zusammensetzung der Lebensmittel möglichst kohlenhydratreich sein. Mindestens alle zwei Stunden ist eine Proviantpause zur Auffüllung der Glykogendepots angezeigt, um die in der Höhe besonders ungünstige Fettverbrennung weitgehend zu beschränken.

Faustregel:
Auf dem Anmarsch zur Höhe soll die Ernährung aus zwei Drittel Kohlenhydraten und einem Drittel Eiweiß und wenig Fett bestehen. In der Höhe soll die Ernährung noch mehr Kohlenhydrate, gleich viel Eiweiß und noch weniger Fette enthalten. Besonders wichtig ist es, so viel und so oft als möglich zu trinken.

7.2.4.3 Höhenanpassung des menschlichen Körpers durch »Adaption«

Adaption ist die sofort einsetzende erste Reaktion des Körpers auf eine neue Höhenlage. Diese »Notaggregatphase« dient der behelfsmäßigen Überbrückung bis zu Akklimatisation. Viele Körpervorgänge sind enorm angekurbelt, um die Zeit bis zur Akklimatisation notdürftig zu überbrükken. Während der Adaption kann es zu den gefürchtetsten schweren Höhenanpassungsschwierigkeiten kommen. Als möglicher Betroffener sollte man daher wissen, was hier im wesentlichen im Körper geschieht. Auffallend ist eine verstärkte Atemtätigkeit, durch die nicht nur mehr Sauerstoff ins Blut gelangt, sondern auch mehr Kohlendioxid abgeatmet wird. Biochemische Veränderungen im Blut sind für eine Reihe wohlbekannter Beschwerden in der Höhe verantwortlich, wie

Oft wird der Fremde unbesehen als Arzt betrachtet. Das ist nicht ganz ungefährlich, denn die Menschen erwarten auch sofortigen Erfolg, sprich Heilung. Deshalb sollte man nur dann den »Medizinmann« spielen, wenn man auch wirklich weiß, daß das Mittel für das entsprechende Wehwehchen richtig ist.

- Kopfschmerzen
- Schwindel
- Schlaflosigkeit
- Müdigkeit und Appetitlosigkeit.

Diese Beschwerden halten so lange an, bis sich Atmung und Blut wieder normalisiert haben – wichtige Anzeichen für die erfolgte Akklimatisation. Solange der Ruhepuls erhöht ist, befindet man sich in der Phase der Adaption.
Das Ausmaß und die Zeitdauer der Adaptionsphase, also bis zur Akklimatisation, ist individuell sehr unterschiedlich und abhängig vom

- momentanen Gesundheitszustand
- individuellen Faktoren
- von der absolut erreichten Höhenmarke
- vom relativ bewältigten Höhenunterschied
- der Geschwindigkeit des Aufstiegs
- Klimaschwankungen
- Kälte
- Dehydrationszustand
- Aufenthaltsdauer

Im Einzelfall kann man daher nie genau voraussagen, wie schnell man sich in einer bestimmten Höhe akklimatisiert. Als Anhaltspunkte können folgende Rahmenzeiten gelten:

- von 0 auf 2000 Meter 1–3 Tage
- von 0 auf 3000 Meter 2–4 Tage
- von 0 auf 4000 Meter 3–6 Tage
- von 0 auf 5000 Meter 2–3 Wochen

Mit dem Ruhepuls kann man das Maß seiner Höhenakklimatisierung feststellen. Am besten wird er morgens vor dem Aufstehen im Liegen gemessen.

Es ist also nützlich, ein Pulstagebuch zu führen. Ein Ruhepulsanstieg von mehr als 20% wird als Warnsymptom gewertet, es darf dann auf keinen Fall höher gestiegen werden.
Das Maß des absolvierten Ausdauertrainings hat keinen verkürzenden Einfluß auf die Dauer der Adaptionsphase, obwohl das Ausdauertraining die Sauerstoffnutzung in der Muskulatur und eine ausreichende Sauerstoffversorgung des Herzmuskels fördert.

7.2.4.4 »Akklimatisation«

Wenn es zu keinen schweren Höhenanpassungsstörungen kommt, geht die kritische Adaptionsphase allmählich in die **Akklimatisation** über. Jetzt ist der Alpinist wieder nahezu voll leistungsfähig, der Ruhepuls ist in den Bereich des individuellen Ausgangswertes zurückgekehrt.
Akklimatisiert bleibt man in einer einmal erreichten Höhe beliebig lang. Dringt man in neue Höhen vor, beginnt der Adaptionsvorgang wieder von vorne.

Akklimatisation ist allerdings nur bis etwa 5300 Meter möglich, darüber gibt es nur mehr eine zeitlich limitierte Adaption.

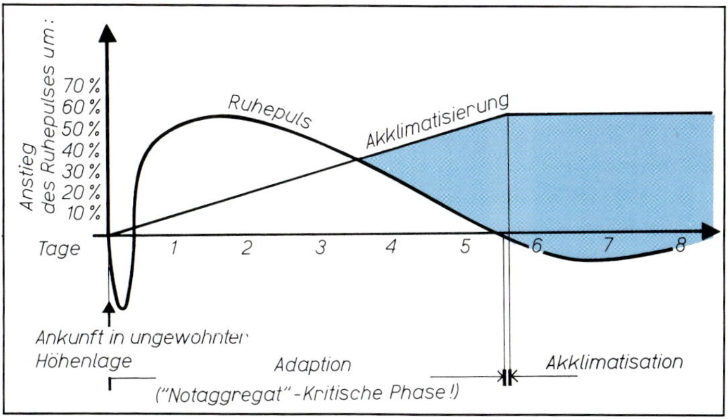

Adaption – Akklimatisation.

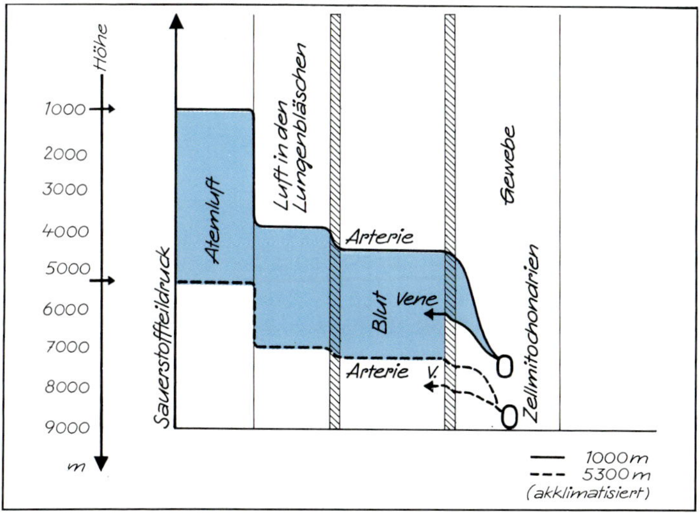

Die »Sauerstofftreppe«.

Aus dieser Erkenntnis hat sich auch die neue Besteigungstaktik in extremen Höhen entwickelt. Man ist dazu übergegangen, das Basislager der Expeditionen möglichst um 5000 Meter zu errichten, denn nur unterhalb von 5300 Metern ist eine vollständige Erholung möglich. Aus dieser Höhe erfolgen jeweils rasche Vorstöße nach oben, um daraufhin noch schneller auf möglichst unter 5300 Meter zurückzukehren. Nach kurzer Erholungspause erfolgt dann ein neuerlicher Vorstoß nach oben. Diese Taktik beansprucht selbst beim Gipfelgang auf Achttausender nur wenige Tage.

Faustregel: Wenn der Ruhepuls 20% oder mehr über dem individuellen Ausgangswert liegt, darf nicht weitergestiegen werden.

7.2.4.5 **Höhenadaptionsstörungen:**

1. Warnzeichen:

- Kopfschmerzen
- Appetitlosigkeit
- Schlaflosigkeit
- Übelkeit
- Müdigkeit
- Atemnot bei Anstrengungen
- Mehr als 20% Ruhepulserhöhung

Was ist zu tun?
Nicht weitersteigen, bis diese Warnzeichen verschwunden sind. Sind sie tags darauf weg, vorsichtig weitersteigen. Bleiben sie tags darauf bestehen, müssen Sie sofort absteigen! Keine Medikamente einnehmen!

2. Alarmzeichen:

- Rasende Kopfschmerzen
- Schwindel, Benommenheit
- Unkontrollierte Bewegungen
- Erbrechen
- Extreme Müdigkeit
- Schwere Atemnot in Ruhe (= schwere Adaptionsstörung, evtl. Hirnödem)
- Graue Hautfarbe, blaue Lippen
- Brennender Druck hinter dem Brustbein
- Schwerer Husten mit blutigem Auswurf
- Brodelndes Geräusch beim Atmen
- Erstickungsangst (= Höhenlungenödem)

Was ist zu tun?
Der Betroffene muß rasch in liegender Stellung (Oberkörper im Schrägsitz, wenn möglich) auf niedrigere Höhen gebracht werden und assistiert beatmet werden. Er soll 1 bis 2 Nitroglyzerinkapseln (0,8 mg) einnehmen, jedoch keine weiteren Medikamente.
(Die hier angegebenen Erste-Hilfe-Maßnahmen beziehen sich auf den Laienhelfer. Für ärztliche Sofortmaßnahmen bei schweren Höhenadaptionsstörungen finden sich in der angegebenen Literatur einschlägige Hinweise.)

Abschließend sei darauf hingewiesen, daß es sich beim Prozeß der Höhenadaptionsstörungen mit ihren gleitenden, verschieden rasch ablaufenden Übergängen nach dem heutigen Stand der Kenntnisse um kein schicksalhaftes Geschehen, sondern um einen durchaus vermeidbaren Zwischenfall handelt. Treten schwere Adaptionsstörungen auf, ist mit Sicherheit bereits gegen »Spielregeln« verstoßen worden.

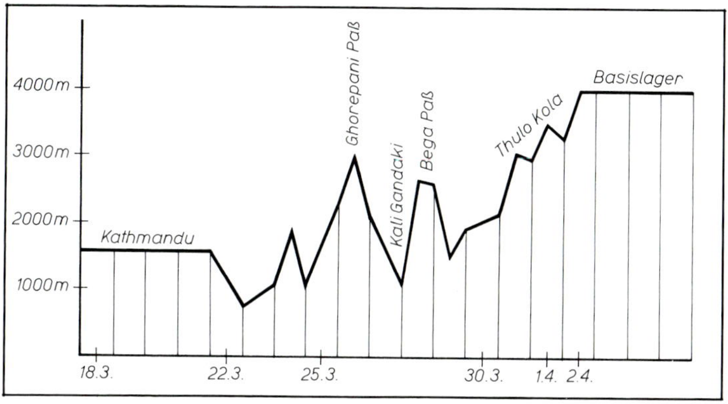

Höhenprofil eines Anmarschweges im Himalaya (Kathmandu-Dhaulagiri). Hier bestehen optimale Akklimatisationsbedingungen.

Es gibt übrigens bis dato weder Trainingsmöglichkeiten im Tal zur spezifischen Vorbereitung auf Höhen (z.B. Unterdruckkammer), noch verläßliche Akklimatisationshilfen (Medikamente usw.), die die notwendige Akklimatisation verkürzen oder erleichtern helfen. Das eingangs erwähnte Ausdauertraining soll nur sicherstellen, daß die Person zusätzlich zu eventuellen Adaptionsproblemen keine Konditionsschwierigkeiten erlebt.

Ausdauerleistungszustand und Akklimatisation stehen in keinem Zusammenhang.

Pharmaka zur Kupierung von Adaptionsstörungen (Analgetica, Antiemetica, Azetazolamid und ähnliches) sind – wenn überhaupt – nur mit größter Vorsicht und nur unter besonderer Beachtung der übrigen Empfehlungen zu verwenden.

7.3 Besondere Notsituationen

7.3.1 Ermüdung und Erschöpfung

Für den Körper stellt die Ermüdung eine Art Schutzmechanismus dar, der ihn vor der Erschöpfung bewahren soll. Die Ermüdung ist also ein

Hinweis auf die Leistungsgrenze. Beim Trainierten tritt sie etwas später als beim Untrainierten ein. Sie kann durch Willensanstrengung hinausgezögert, aber nicht verhindert werden.

Wie bekämpft man eine kritische Ermüdungssituation?

- Äußere Wärme in jeder Form, durch warme Kleider, Schutz vor Wind, Nässe und Kälte
- Muskelmassagen
- Aktives Aufwärmen durch Gymnastik und lockeres Laufen
- Warme, gezuckerte, mineralsalzhaltige Getränke in vielen kleinen Portionen
- Rasch verfügbare Kohlenhydrate (Schokolade, Fruchtschnitten, Obst, aber keine Traubenzuckertabletten)
- Keine Medikamente
- Nach einer ausgiebigen Rast (sofern möglich) Abbruch der Tour und vorsichtiger langsamer Abstieg.

Erschöpfung ist die vollständige Ausschöpfung der körperlichen Reserven und stellt nicht selten einen lebensbedrohenden Zustand dar.
Die Erschöpfung erkennt man an schwerer Müdigkeit, Muskelschlottern, Herabsetzung der Schmerzempfindung, Herzklopfen, Atemnot, Atembeschleunigung, unsichere und unkoordinierte Handlungen, Verzweiflung und Gleichgültigkeit, Dämmerzustand, Bewußtlosigkeit.
Was kann man dagegen tun? **Erste Hilfe bei Erschöpfung:**

- Wärme und Geborgenheit, guter Zuspruch, kein Alkohol
- Wenn nötig, schonende Behandlung von Verletzungen, Schock und Unterkühlung
- Liegend abtransportieren
- Dem Erschöpften Hoffnung geben, aber nicht volle Gewißheit der Rettung! Unbedingt wachhalten und zur aktiven Anteilnahme notfalls zwingen.

7.3.2 Muskelkrampf

Überbeanspruchung, mangelhafter Trainingszustand, Kälte und eine Störung im Elektrolythaushalt können dazu führen. Vorbeugen kann man am besten durch solide Trainingsvorbereitung, richtige Gehtaktik und durch ausreichenden Flüssigkeitsersatz.

Erste Hilfe:

- In leichten Fällen, z. B. beim Aufstieg, langsamer weitergehen
- Viel trinken
- In schweren Fällen Rast und Wärme, Dehnen der schmerzhaft verspannten Muskeln, heißfeuchte Dunstwickel
- Nach Lösen des Krampfes viel trinken, Wärme, Massage, leichte Bewegung.

7.3.3 Muskelkater

Tritt nach einer Überbeanspruchung im Zusammenhang mit mangelhaftem Muskeltrainingszustand auf.

7.3.4 Kälteschäden

7.3.4.1 Örtliche Erfrierungen

Beim Zusammenwirken folgender Faktoren kommt es zu Erfrierungen:

- Kälte
- Nässe
- Wind
- Bewegungsarmut
- Mangelhafter Wärmeschutz
- Flüssigkeitsmangel.

Vorbeugung:

- Richtige Bekleidung (Schichtenprinzip)
- Keine enganliegenden Schuhe bzw. Handschuhe
- Feuchte Handschuhe bzw. Socken bei Gefahr wechseln
- Schuhe nicht zu stark schnüren bzw. schnallen
- Bei Steigeisen keine Hanf- oder Ledergurtung
- Aktiv bewegen und massieren
- In kritischen Situationen gegenseitig beobachten
- Ausreichend Flüssigkeits- und Brennstoffzufuhr
- Training und Abhärtung.

Erste Hilfe am Unfallort:

- Ursachen ausschalten
- Anwärmen mit Körperwärme
- Bewegung und Massage gesunder Körperteile
- Keimfreier, druckfreier Watteverband
- Nicht mit Schnee einreiben
- Nicht die Erfrierung selbst massieren
- Kein Alkohol, kein Nikotin
- Keine Medikamente
- Keine Erfrierungssalben.

Abtransport:

- Bei geringfügigen Erfrierungen: Patienten selbst gehen lassen
- Sonst liegend

In der Unterkunft:

- Warmer Raum
- Heiße, gezuckerte Alkoholgetränke
- Wasserbad mit steigender Temperatur
- Keimfreier Watteverband
- Zum Arzt oder ins Krankenhaus.

7.3.4.2 Allgemeine Unterkühlung

Eine allgemeine Unterkühlung ist immer ein lebensbedrohlicher Zustand.

Erste Hilfe in jedem Fall:

- Rascheste Anforderung von Hubschrauber, Arzt, Sauerstoffgerät
- Schutz vor weiterem Abkühlen durch: Kleiderwechsel, Alufolie, Wärmepackung nach Hiebler
- Nicht massieren! Weder aktiv noch passiv bewegen.

Weitere Erste Hilfe, wenn der Patient bei Bewußtsein bzw. erweckbar ist:

- Heiße, stark gezuckerte Getränke
- Kein Alkohol, keine Medikamente
- Helikopter, Arzt, Sauerstoffmaske

Wenn der Patient bewußtlos, eventuell leblos ist:

- Wärmepackung
- Wiederbelebung bei Atem- oder Atem-Herz-Stillstand
- Helikopter, Arzt, Sauerstoffmaske
- Transport in Spezialkrankenhaus mit unterkühlungserfahrenem Ärzteteam.

7.4 Einige wichtige Erkrankungen

7.4.1 Sonnenstich

Vorbeugung: Durch Tragen einer Kopfbedeckung.
Kennzeichen: Kopfschmerzen, Schwindel, eventuell Nackensteifigkeit, das Gesicht ist meist hochrot und weiß.

Erste Hilfe:
Lagerung an einem kühlen Ort, Kopf und Oberkörper hochlagern, Kopf und Nacken kühlen.

7.4.2 Sonnenbrand

Vorbeugung:
Vorsichtige Lichtgewöhnung in steigender Dosierung.
Sonnenschutzcreme mit hohem Schutzfaktor.

7.4.3 Fieberblasen

Vorbeugung:
Totales Abdecken der Lippen durch Gletscherstift bzw. Abdeckcreme.

7.4.4 Augenentzündung

Vorbeugung:
UV-dichte Sonnenbrillen mit Abdeckung seitlich und über der Nase.

7.4.5 Durchfallerkrankungen

Vorbeugung:
Vor allem in den Tropen den Grundsatz befolgen: Kochen, sieden, schälen – oder vergessen.
Peinlichst auf Tropenhygiene achten.
Zu den Mahlzeiten prophylaktische Verdauungspillen einnehmen.

Behandlung:
In erster Linie durch Diätmaßnahmen.
In den ersten 24 bis 48 Stunden strenges Fasten.
Möglichst häufig und viel trinken.

7.5 Die Ausrüstung für den Notfall

7.5.1 Woraus besteht die alpine Notfallausrüstung?

Für jede Person:

1. Notfallbeutel:

- Biwaksack
- Reservewäsche
- Mehrzweckmesser
- Taschenlampe (Stirnlampe)
- Kerze mit Sturmhölzern
- Trillerpfeife
- Signalstift samt roten Patronen
- Schreibpapier und Bleistift

2. Erste-Hilfe-Box:

- 1 Alu-Kälteschutzdecke
- 2 Dreieckstücher
- 1 elastische Binde
- Wundpflaster (10 cm breit)
- Schnellverbände in verschiedenen Größen
- Salbengaze
- Wundauflagen
- Verbandmull (verpackt)
- 2 elastische Mullbinden in verschiedenen Breiten
- 2 Momentanverbände in verschiedenen Größen
- 2 Leukoplastroller in verschiedenen Breiten

- 2 Fingerschnellverbände
- 1 Lederfingerschutz
- 5 Sicherheitsnadeln
- 1 kleine Schere

Nach jeder Verwendung, spätestens aber alle zwei Jahre, muß der Inhalt ergänzt bzw. erneuert werden.

7.5.2 Medizinische Ausrüstung beim Trekking und auf Expeditionen

Muß nach den jeweiligen Umständen und Erfordernissen zusammengestellt bzw. auf das Reiseziel abgestimmt werden. Nachfolgende Liste kann daher nur eine Anregung sein.

Medikamente:
- Schmerzen aller Art
- Durchfall
- Verstopfung
- Gelenk-, Muskel-, Rückenschmerzen
- Schlafstörungen
- Höhenhusten
- Antibiotika
- Grippe
- Augentropfen
- Höhenlungenödem (Nitroglyzerin, Notsauerstoff)
- Nasensalbe
- Hautallergien und Ekzeme
- Sonnenbrand und Insektenstiche
- Fieberblasen
- Reisekrankheit

Verbandmaterial:
Pro Person eine alpine Erste-Hilfe-Box.

Sonstiges:
- Chemische Kältepackungen
- Chemische Wärmepackungen
- Verletztentagebuch
- Material zum Schienen
- Mehrzweckmesser
- Kleine Sauerstoffflasche samt Manometer und Flow-Anzeiger
- Beatmungsmaske
- Verbandwatte für Erfrierungen
- Notraketenpistole mit 10 Großpatronen
- Große Alu-Rettungsdecke
- Impfpaß
- Notfallticket.

8 PLANUNG UND VORBEREITUNG

In diesem Abschnitt gibt es einige Informationen über Bücher zum Thema Trekking, nützliche Adressen von Spezialbuchhandlungen, wo man sich die entsprechende Literatur, das Kartenmaterial und die notwendige Ausrüstung beschaffen kann und wo auch eine fachkundige Beratung geboten wird. Zuletzt noch einige Unternehmen, die Trekkingreisen kommerziell anbieten und sich als Spezialisten auf diesem Gebiet einen Namen gemacht haben.
Die hier genannten Firmen stellen natürlich nur eine Auswahl dar. Es würde den Rahmen dieses Buches sprengen, alle Anbieter auf diesem Gebiet aufzuführen.

8.1 Literatur

Publikationen zum Thema Trekking allgemein sind rar. Zwar gibt es eine ganze Reihe von Trekkingführern zu eingegrenzten Regionen, zu Nepal und Himalaya, zu Südamerika, Alaska usw., aber fast nichts zum Thema im allgemeinen. Die wenigen Bücher sind schnell aufgezählt:
John Cleare, Trekking, BLV, München 1990
Willi Senft, Die schönsten Trekkingtouren in den Bergen der Welt, Stocker Verlag, Graz 1982
Joëlle Kirch (Hrsg.) Himalaya. Trekking-Erzählungen aus Tibet, Nepal und Ladakh, Bruckmann Verlag, München

8.2 Bücher und Landkarten

Deutschland

Därr's Travel Shop
Theresienstraße 66
8000 München 2

Geobuch
Rosental 6
8000 München 2

Gleumes & Co
Hohenstaufenring 47–51
5000 Köln 1

Goetze und Co
Hermannstraße 5–7
2000 Hamburg 1

Schropp'sche Landkartenanstalt
Potsdamerstr. 100
1000 Berlin

Österreich

Alpin Aktuell
Ottakringer Str. 165
1160 Wien

Hof & Turecek
Expeditionsservice GmbH
Markgraf Rüdigerstr. 1 A
1150 Wien

Schweiz

Atlas Reisebuchladen
Schauplatzgasse 31
3011 Bern

Travel Book Shop
Rindermarkt 20
8025 Zürich

8.3 Ausrüstungsläden

Deutschland

Bannat Globetrotter &
Expeditionsausrüstung
Lietzenburgerstr. 65
1000 Berlin 15

Därr's Expeditions-Service
Theresienstr. 66
8000 München 2

Globetrotter Ausrüstungen
Denart & Lechhardt
Wiesendamm 1
2000 Hamburg 60

Globetrotter Ausrüstungen
Denart & Lechhardt
Wilsdruffer Str. 3
O-8010 Dresden

Globetrotter und
Expeditionsausrüstung
Weisestr. 34
1000 Berlin 15

Globetrott-Zentrale Tesch
Karlsgraben 69
5100 Aachen

Sport Berger
Münchener Str. 88–90
8047 Karlsfeld-Rothschwaige

Supertramp
Jordanstr. 30
6000 Frankfurt/M. 90

Traveller Shop
Spandauer Str. 32
5900 Siegen

Österreich

Bergfuchs
Kaiserstraße 15
1070 Wien

Sport Eybl
Alpenstr. 108
5020 Salzburg

Bergspezl
Elisabethstr. 36
5020 Salzburg

Hof & Turecek
Expeditions-
service GmbH
Markgraf Rüdigerstr. 1 A
1150 Wien

Robinson
Outdoor-Ausrüstung
Kriemhildplatz 10
1150 Wien

Schweiz

Transa AG
Gasometerstr. 29
8005 Zürich

8.4 Veranstalter von Trekkingreisen

Deutschland

DAV Summit Club
Am Perlacher Forst 186
8000 München 90

Hauser Exkursionen International
Marienstr. 17
8000 München 2

Österreich

Alpinschule Oberösterreich
Volksfeststraße 18
4020 Linz

Österreichischer Alpenverein
Bergsteigerschule
Wilhelm-Greil-Str. 15
6020 Innsbruck

Weltweit Bergsteigen
Briener Str. 2
6020 Innsbruck

Schweiz

Eiselin Sport
Obergrundstraße 70
6003 Luzern

Intertreck
Mendleweid
9050 Appenzell

Ski & Berg Spezial
Norbert Joos
7214 Grusch

Was man weiß, sieht man. Eine entsprechende Vorbereitung verlängert die Reise und schützt vor unliebsamen Überraschungen.

9 KLASSISCHES TREKKING

9.1 Unterwegs in den Bergen der Welt

Darunter ist das Wandern in den großen Gebirgslandschaften der Erde gemeint; namentlich im Himalaya und Transhimalaya, den Berggebieten Zentralasiens und in den Anden Südamerikas. Das Trekking in diesen Regionen ist nur insoweit mit Bergwandern in den Alpen vergleichbar, als man zum Teil ähnliche Ausrüstung verwendet und ähnliches Grundwissen gefragt ist.

Klassisches Trekking ist nur bedingt mit Bergwandern vergleichbar.

Damit sind die Gemeinsamkeiten auch schon erschöpft. Die Dimension und der Grad der Erschließung in den höchsten Gebirgen der Erde ist ein völlig anderer. Man bewegt sich in Höhen, an die man sich nur langsam anpassen kann. Es gibt keine Schutzhütten, zumindest keine mit Versorgungsmöglichkeit, so daß der Trekker autark unterwegs ist, das heißt notwendige Verpflegung und Ausrüstung müssen stets mitgeführt werden. Dabei ist man vielfach auf die Hilfe einheimischer Träger und Führer angewiesen, die oft noch Tragtiere wie Yaks, Ponys oder Maultiere zur Verfügung stellen. Im Gegensatz zu einer Bergwanderung, nach der man in eine bequeme Unterkunft zurückkehrt, bedeutet eine Trekkingtour Unterwegssein für Tage, oft für Wochen, und Schlafen im Zelt.
Dabei ist noch ein wesentlicher Unterschied, ob man ein »Komforttrekking« bucht, wo ein Team einheimischer Begleiter dafür Sorge trägt, daß nach jeder Tagesetappe das Lager aufgestellt ist und auch noch alle anfallenden Küchenarbeiten übernehmen, oder ob man diese Arbeiten selbst verrichtet. Nicht zuletzt ist eine Trekkingtour eine Reise in einen fremden Kulturkreis.

9.2 Himalaya

Hundert göttliche Zeitalter würden nicht reichen, um alle Wunder des Himalaya zu beschreiben. (Sanskritsprichwort)

Das höchste Gebirge der Erde ist das jüngste. Rund 300 Kilometer breit und 2500 Kilometer lang erstreckt sich der Himalayabogen, der in seinem westlichsten Teil Karakorum heißt, zwischen Indien und Tibet, Pakistan und China. Es ist das Ergebnis eines gigantischen kontinentalen Auffahrunfalles. Als der indische Subkontinent vor 600000 Jahren, gewissermaßen vor den Augen des Urmenschen, mit dem asiatischen Erdteil zusammenstieß, brach die Scholle und faltete sich zu einem Gebirge von einsamer Höhe auf. Schon lange vorher, vor rund 70 Millionen Jahren, entstanden die tibetischen Randgebirge und das tibetische Plateau durch Bruch und Hebung der Sedimentgebiete. Nicht weniger als 30 der höchsten Gipfel der Erde liegen im Himalaya, darunter alle 14 Achttausender:

Nanga Parbat, 8126 m	Pakistan
K2 (Mt. Godwin Austen), 8611	Pakistan, Karakorum
Broad Peak, 8047 m	Pakistan, Karakorum
Gasherbrum I (Hidden Peak), 8068 m	Pakistan, Karakorum
Gasherbrum II, 8035 m	Pakistan, Karakorum
Dhaulagiri, 8172 m	Nepal
Annapurna, 8091	Nepal
Manaslu, 8156 m	Nepal
Shishapangma, 8046 m	Tibet
Cho Oyu, 8202 m	Nepal/Tibet
Mount Everest (Chomolungma), 8848 m	Nepal/Tibet
Lhotse, 8511 m	Nepal
Makalu, 8481 m	Nepal
Kanchenjunga, 8598 m	Nepal/Sikkim

Alle diese Gipfel wurden zwischen 1950 und 1964 erstmals erstiegen. Die Annapurna als erster Achttausender von den beiden Franzosen Maurice Herzog und Louis Lachenal, die Shishapangma als letzter durch Tibeter und Chinesen.

Himalaya – ein Sanskritwort, das »Schneewohnung« bedeutet – nannten die Inder dieses Gebirge. Sie blicken wie alle anderen Himalayavölker mit frommer Scheu zu den Eisgipfeln hinauf, in denen sie die Wohnsitze ihrer Götter vermuten.

Der Himalaya stellt eine absolute **Wetter- und Klimascheide** dar. Auf die Südseite der Gebirgsmauer prallt der Monsun mit voller Kraft. Er bringt zwischen den Monaten Juni und September den Großteil der jährlichen Niederschläge. Am Himalaya stauen sich die regenschweren Monsunwolken und geben ihre Ladung preis. Für das dahinterliegende tibetische Hochland bleibt nichts mehr übrig, selbst die höchsten Himalayagipfel kann der Monsun nicht erreichen. Wenn man zur Monsunzeit Kathmandu anfliegt, wird man die schwarze Pyramide des Everest weit über die Wolkenobergrenze hinausragen sehen.
Der Trekker findet deshalb im Himalayaraum zwei völlig unterschiedliche Landschaftsformen vor. Eine vom Monsun geprägte **Südseite** des Gebirges mit dichter Vegetation, die manchmal bis an den Rand der Gletscher hinaufreicht, und eine extrem karge, vegetationslose, trockene Nordseite – das Hochland von Tibet.

Wenn man sich vom Süden her dem Himalayahauptkamm nähert, bauen sich die einzelnen Vegetationszonen wie Stockwerke übereinander auf. Soweit die urwüchsigen Wälder noch nicht durch Menschenhand zerstört sind, findet man bis etwa 1000 Meter Höhe Laubwälder. Darüber erheben sich die Vorgebirge des Himalaya, der Hauptsiedlungsraum der Bergvölker. Die Siedlungsgrenze reicht im Himalaya viel weiter hinauf als in den Alpen. So findet man Sherpasiedlungen im Solu Khumbu noch knapp unter 4000 Meter Höhe. Die Stadt Manang an der Nordflanke der Annapurna liegt 3800 Meter hoch. Bis in diese Höhe können noch Kartoffeln geerntet werden. Die Waldgrenze verläuft ebenfalls erst bei rund 4000 Meter. Darüber erhebt sich schließlich die Hochgebirgszone des Himalaya. Aber selbst dort können noch Zwergsträucher existieren, gibt es alpine Matten bis in eine Höhe von 5000 Meter hinauf, die sich zur Monsunzeit in ein Blumenmeer verwandeln.

Der Himalaya bietet dem Trekker zwei völlig unterschiedliche Landschaftsformen; einerseits die mit Vegetation bedeckte und von Bergvölkern besiedelte Südseite, andererseits die karge, fast menschenleere und extrem trockene Nordseite – das tibetische Hochland.

Ganz andere Landschaftsformen erwarten den Wanderer auf der **Nordseite** des Himalaya auf dem tibetischen Plateau und im Transhimalaya. Das Bild bestimmen rollende, scheinbar endlose braune Hügelketten und Hochflächen, die manchmal von firngekrönten Gebirgen begrenzt werden. Nur noch selten dringen Monsunausläufer in den dunkelblauen Himmel über Tibet vor, wo sie sich zumeist auflösen wie der Tau unter der Morgensonne. Tibets Hochflächen und Gebirge sind nur sehr dünn besiedelt. In weiten Teilen bietet die Natur dem Menschen einzig den Nomadismus als mögliche Lebensform an. Nomaden, die in schwarzen Zelten aus Yakhaar hausen, und fromme Pilger sind die einzigen Menschen, die der Trekker in diesen sturmgepeitschten Einöden trifft.

9.2.1 Nepal

Der kleine Himalayastaat von der Fläche Österreichs und der Schweiz zusammen ist zum Inbegriff für das Trekking geworden. Kein Wunder, denn in keinem anderen Land bieten sich bessere Möglichkeiten, die Eisriesen und die Menschen, die zu ihren Füßen leben, zu besuchen, als in Nepal. Abgesehen vom Kathmandu-Tal ist praktisch das ganze Land Fußgängerzone. Ein Umstand, der jedes Jahr Zehntausende von Trekkingtouristen anlockt. Acht der vierzehn Achttausender befinden sich in Nepal. Zu ihren Füßen und um sie herum führen auch die interessantesten Trekkingrouten. Der gewaltigste Himalayadurchbruch zwischen Annapurna und Dhaulagiri, das Kali-Gandaki-Tal, das die tiefste Schlucht der Welt bildet, liegt in Nepal. Erst vor kurzem hat Nepal die seit Jahrzehnten verschlossenen Gebiete von Dolpo und Mustang für eine beschränkte Anzahl von Besuchern geöffnet.

9.2.1.1 **Reisezeit und Klima**

Die beste Zeit für Trekkings im Bereich der höchsten Berge ist die Zeit vor und nach dem Monsun, d.h. die Monate April/Mai und Oktober/November. Wobei der Herbst wegen der klaren Luft und damit guten Fernsicht vielleicht die idealsten Bedingungen bietet. In dieser Zeit regnet es kaum, die Tage sind warm und die Nächte kühl. Im Frühjahr dagegen ist es wärmer, die Sicht ist im allgemeinen nicht so gut, aber dafür explodiert im Mai die Vegetation, und man erlebt einen Himalaya, der blüht.

9.2.1.2 **Organisation von Trekkingtouren**

Ein Visum für Nepal berechtigt nur für den Aufenthalt im Kathmandu-Tal, Pokhara und Chitwan-National-Park. Für alle anderen Regionen ist ein »Trekking Permit« notwendig.

Das Trekking Permit, unabdingbare Voraussetzung fürs Unterwegssein in Nepal, bekommt man beim Central Immigration Office, Tridevi Marg, Kathmandu.

In der Regel erhält man das Permit an einem Tag. Aber zur touristischen Hochsaison gibt es lange Warteschlangen und dann kann es auch 2 bis 3 Tage dauern, bis man die Erlaubnis hat. Im Immigration Office kann man sich auch über die neuesten Bestimmungen informieren und vor allem über die Preise. Diese nähern sich allmählich den Himalayariesen und klettern in schwindelerregende Höhen empor. Für exklusive Trekkingziele wie Dolpo und Mustang – Gebiete, die Jahrzehnte verschlossen waren – kostet allein das Permit 500 Dollar pro Woche. Einige Gebiete sind aus politischen oder ökologischen Gründen gesperrt.
Wer sich nicht selbst um das Permit kümmern will, kann es über eine der vielen Trekking-Agenturen besorgen lassen, deren Büros sich überall in Kathmandu finden. Hier einige der bekanntesten Organisationen:

Adventure Nepal Trekking
Tridevi Marg, Thamel, P.O. Box 915, Kathmandu
Tel.: 4122508, Fax 977-1-222026

Annapurna Mountaineering & Trekking
Durbar Marg, P.O. Box 795, Kathmandu
Tel.: 222999

Asian Trekking
Tridevi Marg, Thamel, P.O. Box 3022, Kathmandu
Tel.: 412821, Fax 977-1-411878

Great Himalayan Adventure
Kantipath, P.O. Box 1033, Kathmandu
Tel.: 216144, Fax 977-1-419614

International Trekkers
Naxal, P.O. Box 1273, Kathmandu
Tel.: 418594
Fax 977-1-418561

Lama Excursions
Durbar Marg, P.O. Box 2485, Kathmandu
Tel.: 220186, Fax 977-1-227292

Mountain Travel Nepal
P.O. Box 170, Kathmandu
Tel.: 414508
Fax 977-1-419126

Sherpa Trekking Service
Kamaladi, P.O. Box 500, Kathmandu
Tel.: 220423

Tiger Tops/Mountain Travel
Lazimpat, P.O. Box 3989, Kathmandu
Tel.: 415995, Fax 977-1-414075

Trans Himalayan Trekking
Durbar Marg, P.O. Box 283, Kathmandu
Tel.: 224854, Fax 977-1-227289

Yeti Mountaineering & Trekking
Ramshah Path, P.O. Box 1034, Kathmandu
Tel.: 410899

Eine komplette Liste aller Trekkingorganisationen ist bei der **TAAN** (Trekking Agents Association of Nepal), P.O. Box 3612, Kantipath, Kathmandu, zu erhalten.
Mit dem erforderlichen Trekking Permit in der Hand, auf dem die erlaubten Routen eingetragen sind, ist einmal der bürokratische Teil der Organisation erledigt. Nun gilt es die Ausrüstung zu vervollständigen, falls man nicht alles schon von zu Hause mit hat. Kathmandu ist dafür ein guter Boden, denn das Heer an Expeditionen aus aller Welt, das sich hier ein Stelldichein gibt, sorgt für ständigen Nachschub in den Ausrüstungsläden. Oft kann man dort die neuesten Artikel finden. Verpflegung kann ebenfalls in Kathmandu eingekauft werden, falls man sich nicht in Unterkünften entlang der Trekkingroute versorgen kann. Zuletzt wird man sich um einen verläßlichen lokalen Führer oder Träger kümmern.
Das alles bieten natürlich auch die oben genannten Trekking-Organisationen als »full service« an. Das hat aber seinen Preis. Je nach Gebiet muß man mit bis zu 50 Dollar pro Tag rechnen.

9.2.1.3 Wichtige Trekkingrouten

Langtang Trek

Dauer 14 Tage. Anreise per Bus von Kathmandu nach *Trisuli Basar* (74 km). Die Langtang-Berge und der Nationalpark zu ihren Füßen sind ein herrliches, nicht sehr schwieriges Trekkinggebiet. Es gibt noch viel Wald – Tannen und Rhododendren reichen bis in eine Höhe von 3800 Meter hinauf – und darüber finden sich Almen, die sich im Sommer in ganze Blumenteppiche verwandeln. Mehrere Gompas (buddhistische Klöster) liegen entlang der Route. Die höchste Stelle im Langtang-Trek ist die Passage über den *Ganja La*, einen 5106 m hohen Paß, oder der 4604 m hohe *Surjakundpaß* im Gebiet der heiligen Gosainkund-Seen. Dorthin pilgern alljährlich im Sommer Scharen von Hindus, um ihren höchsten Gott Shiva zu verehren. Von seiner Anwesenheit zeugt ein riesiger Lingam und ein steinerner Nandibulle am Nordufer des Sees.

Kathmandu – Lukla

Dauer 10 Tage. Leichte und vielbegangene Tour ins Everest-Gebiet. Der Weg führt von *Lamosango* (750 m) über den *Lamjura-Paß* (3530 m) zum Zielort *Lukla*. Viele Berührungspunkte mit buddhistischer Kultur und Besuch von Klöstern möglich.

Solu-Khumbu/Everest-Basecamp

Dauer 2 bis 3 Wochen. Klassisches Himalaya-Trekking in eine der schönsten Berglandschaften der Erde. Tour mit hochalpinem Charak-

Traditionelles Tragesystem in Nepal und moderne Trekkingausrüstung.

ter. Gute Kondition und Höhentauglichkeit erforderlich. Lange Etappen in großer Höhe sind zu bewältigen. Besteigung des *Island Peak* (6189 m) möglich. Der Weg führt von *Lukla* nach *Namche Bazar* ins Herz des Sherpalandes und über die buddhistischen Klöster *Tengpoche* und *Pangpoche* zum Fuße des *Mount Everest*.

Kanchenjunga-Trek

Dauer 4 Wochen. Der Kanchenjunga (8598 m) ist der östlichste Achttausender Nepals und liegt genau an der Grenze zu Sikkim. Das Gebiet wurde für Trekker erst im Jahre 1988 geöffnet. Die Anmarschwege zu diesem eindrucksvollen Bergmassiv sind lang und schwierig, die Höhenunterschiede groß. Man muß sich den Anblick dieses Berges im wahrsten Sinne des Wortes erdienen. Es gibt weder Flugplätze noch Straßen, die eine Annäherung verkürzen würden, und das ist gut so. Schließlich ist der Kanchenjunga einer der heiligsten Berge des Himalaya, und die Erstbesteiger im Jahre 1955 hatten strenge Order, den Gipfel selbst nicht zu betreten.
Man kann entweder zum Kanchenjunga-Nord- oder Süd-Basecamp trekken. Natürlich auch zu beiden, aber das ist sehr schwierig, und bisher haben es nur wenige Gruppen geschafft.
Ausgangspunkt für beide Ziele ist der Ort *Taplejung*, den man per Flugzeug von Biratnagar aus erreicht.

Kanchenjunga-Nord-Basecamp

Der Weg führt von *Taplejung* aus in Richtung Norden an das *Tamur-Khosi-Tal* heran, dem man bis zum tibetischen Dorf Sakathum folgt. Der Tamur Khosi biegt nach Nordwesten ab, und die Trekkingroute folgt nun dem Tal des *Ghunsa Khola*, der vom mächtigen Kanchenjunga-Gletscher gespeist wird. Am Zusammenfluß des Kanchenjunga mit dem Ginsang-Gletscher liegt der Basislagerplatz *Pang Pema* auf 5140 m Höhe.

Kanchenjunga-Süd-Basecamp

Um an die Südseite heranzukommen, bewegt man sich von *Taplejung* in nordöstlicher Richtung weiter. Die Route zieht sich über mehrere Bergrücken, mit steilen Auf- und Abstiegen, ohne nennenswert an Höhe zu gewinnen. Diese noch relativ niedrigen Regionen sind der Lebensraum der Limbu, und erst weiter oben finden sich wieder Sherpasiedlungen. Nachdem man das Tal des *Khabeli Khola* erreicht hat, folgt man den Fluß aufwärts bis in den Bereich seines Ursprungs. Dann quert man über die beiden Bergrücken Dubi Bhanjyang und Lamite Bhanjyang (3410 m) ins *Simbua-Khola-Tal* hinüber. Dieser Fluß leitet direkt zum Yalung-Gletscher hinauf, von wo aus das Basislager in zwei Tagen zu erreichen ist.

Vom Kanchenjunga-Nord- zum Süd-Basecamp

Es gibt zwei Routen vom Ghunsa Khola ins Simbua-Khola-Tal. Einmal der Weg über den hohen *Lapsang La*, der jedoch oft verschneit und gefährlich ist, oder die *Mirgin-La-Route*.

Letztere führt in Wirklichkeit über insgesamt 5 Pässe, die allerdings niedriger und weniger gefährlich als der Lapsang La sind. Welchen Weg man auch wählt, es sind stets drei anstrengende Marschtage durch eine Gebirgseinöde von größter Abgeschiedenheit.

Annapurna-Basecamp

Dauer 15 Tage. Ausgangspunkt ist *Pokhara* auf 850 Meter Höhe. Schöne und leichte Wanderung durch reizvolle Landschaft mit frequentierten Pfaden. Für ambitionierte Trekker mit entsprechender alpiner Erfahrung und Ausrüstung besteht die Möglichkeit, den *Tent Peak* (5663 m) zu besteigen.

Annapurna-Umrundung

Dauer 4 Wochen. Eine der großartigsten, längsten und interessantesten Trekkingrouten im Himalaya. Der Weg führt an drei Achttausendern vorbei – *Annapurna, Dhaulagiri* und *Manaslu* – durch die *Kali-Gandaki-Schlucht,* das tiefste Durchbruchstal im ganzen Himalaya, und berührt den Pilgerort *Muktinath,* der noch nicht allzu lange offen ist. Schlüsselstelle dieser Tour ist der 5416 Meter hohe *Torong La,* der den Übergang zwischen dem Kali-Gandaki-Tal und dem Marsyandi-Tal bildet.

Rund um den Manaslu

Dauer 3 Wochen. Schwierige und anspruchsvolle Tour mit einem hochalpinen Paßübergang. Der Weg folgt dem *Buri-Kandaki-Tal* aufwärts und an das *Manaslu-Massiv* heran. Unterhalb der Nordostseite dieses Achttausenders steht das Kloser Sama. Danach geht es hinauf auf den 5213 Meter hohen Lakya La, der ins *Marsyandi-Tal* hinüberführt. In den Schluchten des Marsyandi erwarten den Trekker schlechte Wege und schwankende Brücken.

Dolpo-Durchquerung

Dauer 3 Wochen. *Dolpo* wie auch *Mustang,* das nachfolgend besprochen wird, sind sogenannte *»restricted areas«,* Sperrgebiete also, und erst in allerjüngster Zeit wurden Trekking Permits ausgestellt. Eine solche Erlaubnis ist nur durch eine der großen Trekking-Organisationen in Kathmandu zu erreichen. Sie ist kostspielig und wird auf ein bestimmtes Kontingent von ausländischen Besuchern pro Jahr beschränkt. Denn Dolpo wie Mustang sind Regionen, die Jahrzehnte abgeschottet waren. Es gibt hier weder eine touristische Infrastruktur noch sind die Menschen an das Auftreten von Fremden gewöhnt. Die wenigen abendländischen Besucher, die in diese Gebiete vordrangen, kann man fast an den Fingern einer Hand abzählen. Das soll sich nun ändern, jedenfalls für eine kleine Schicht zahlungskräftiger Besucher. An eine generelle Öffnung dieser Gebiete ist vorerst zum Glück nicht gedacht. Man kann sich leicht ausmalen, was der Einbruch von Trekkermassen in dieser isolier-

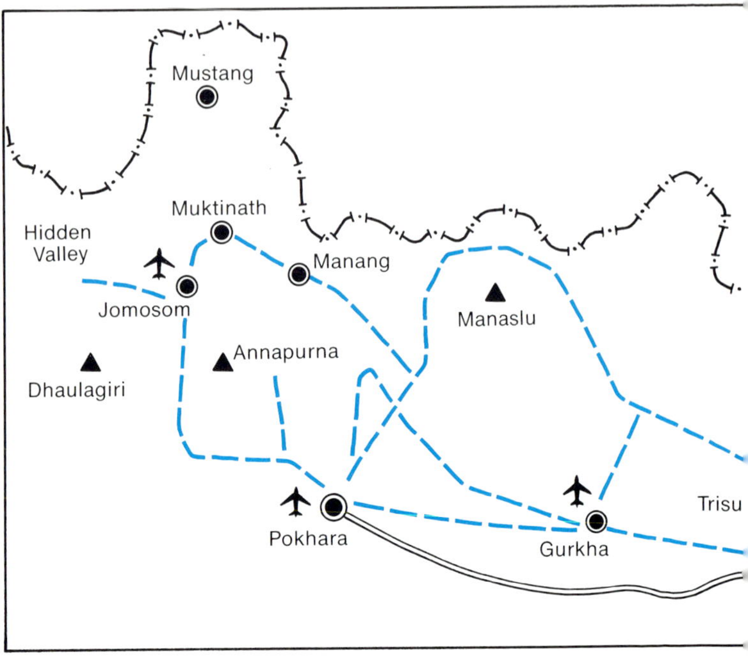

Die wichtigsten Trekkingrouten in Nepal.

ten Welt zur Folge hätte – eine zeitlose Welt, »über der der Hauch von Shangrila liegt, ein Zustand voll Zufriedenheit und Harmonie«, wie der Nepalkenner Ulrich Gruber schreibt.

Die Bewohner von Dolpo – eine Mischung aus Chetris und Tibetern – wurzeln im tibetischen Buddhismus. Hier findet sich noch ein Tibet, wie es jenseits der Grenze im von Chinesen besetzten »Mutterland« kaum noch existiert. Klöster, Einsiedeleien, Tschörten, Mani-Mauern und flatternde Gebetsfahnen künden von der geistigen Ausrichtung der Bewohner.

Ausgangspunkt für die Wanderung durch *Dolpo* ist der Ort *Jumla* in Westnepal, den man per Flugzeug von Kathmandu aus erreicht. Das Tor zu Dolpo bildet der 5110 Meter hohe *Kagmara-Paß*. Dahinter steigt man nur noch bis auf 4000 Meter Höhe ab. Denn Dolpo liegt bereits hinter dem Himalaya und zeigt die für Tibet charakteristische Landschaft: Weite rollende Hügelketten, Hochalmen und eisfunkelnde Gebirge, die darüber aufragen. Ständig bewegt man sich in Höhen von 4000 bis 4500 Meter.

Bei den Dörfern *Phungmo* und *Ringmo,* das am Phoksumdo-See liegt, geht es weiter in Richtung Osten. Zwei Routen, die sich am *Numa La* wieder treffen, jene über den Basia-Paß und über den Banyang-Paß, leiten ins *Tal von Tarap*. Ein weiterer, sehr hoher Paß, der Charka La

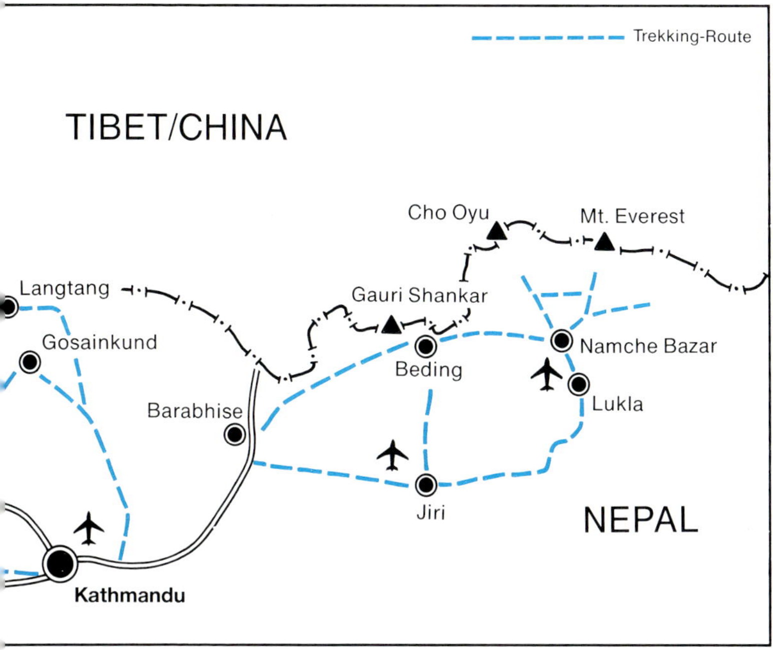

(5500 m), bildet einen Zugang ins *Barbung-Tal.* Von den Pässen aus gibt es herrliche Ausblicke auf den *Dhaulagiri,* der zum Greifen nah liegt. Vom Ort *Charka* nach *Jomosom* betritt man für ein Stück jenen Karawanenweg, der in das »verschlossenste Königreich« der Welt führt – in das geheimnisvolle Mustang.

Mustang

Dauer 2 bis 3 Wochen. Ausgangspunkt ist der Ort *Jomosom* im Kali-Gandaki-Tal, der mit dem Flugzeug von Kathmandu via Pokhara erreichbar ist.

Mustang ist ein Land, das abgeschiedener nicht sein könnte. Zur extremen geographischen Lage gesellte sich noch die politische Isolation. Es ist eine Art Pufferzone zwischen Nepal und dem von China besetzten Tibet. Dies führte dazu, daß Nepal das kleine autonome Königreich jahrzehntelang unter Verschluß hielt. In dieser Zeit waren die Khampa, ein osttibetischer Volksstamm, die eigentlichen Herren über Mustang. Sie waren die einzigen, die es wagten, der chinesischen Militärmacht entgegenzutreten, und sie führten von Mustang aus lange Zeit einen erbitterten Kleinkrieg gegen die verhaßte chinesische Besatzungsmacht.

Von Jomosom kann man in 3 bis 4 Tagen *Lo Mantang,* den Hauptort und Königssitz Mustangs, erreichen. Die Route folgt dem *Kali Gandaki* aufwärts und über den 4000 Meter hohen *Nyi La* ins kleine Königreich.

Religion und Kultur Mustangs sind rein tibetisch. Das Land ist mit Klöstern, Dzongs (Burgen) und Tschörten überzogen. Es ist dichter besiedelt als das westlich gelegene Dolpo. Die Hauptstadt Lo Mantang macht den Eindruck einer mittelalterlichen Festung, mit eng zusammengedrängten Häuserwürfeln, überragt vom Palast und Kloster, umgeben von einer steinernen Wehrmauer. Es gibt im ganzen Königreich kein einziges motorisiertes Fahrzeug, keinen Kilometer Straße. Pferde, Yaks und die Schritte des beharrlichen Wanderers bestimmen das Tempo.

9.2.2 Tibet

Im Unterschied zu Nepal gibt es in Tibet noch kaum überlaufene und ausgetretene Pfade, es sei denn, es handelt sich um Pilgerwege, die von den Tibetern selbst aus religiösen Gründen begangen werden. Das sind aber keine gewöhnlichen Trekkingziele, und derartige Pilgerstätten und Bergheiligtümer sollte nur derjenige aufsuchen, der das notwendige Einfühlungsvermögen mitbringt und bereit ist, sich in einer einem solchen Ort angemessenen Weise zu verhalten.
Es gibt nur wenige Veranstalter, die Trekkings in Tibet anbieten können. Die organisatorischen Probleme schrecken viele ab. Es ist schon einmal schwierig, geeignete Routen auszuarbeiten, weil es kaum Karten und Literatur gibt. Die Versorgung und das Anmieten von Lasttieren ist problematisch. Darüber hinaus ist es nicht möglich, derartige Touren durch lokale Tibeter zu organisieren, sondern alles läuft über Vertreter der chinesischen Besatzungsmacht, aus denen sich auch Begleitoffizier, Dolmetscher und Fahrer rekrutieren. Ein Umstand, der kaum zu intensiven Kontakten mit der tibetischen Bevölkerung führt, außer man hat sehr viel Zeit und verfügt über Sprachkenntnisse in Tibetisch.
Wegen der gespannten politischen Situation nach der blutigen Niederschlagung tibetischer Proteste gegen die chinesische Herrschaft ist die sogenannte »Autonome Region Tibet« nur für Reisegruppen offen und für Bergsteiger. Dahinter steckt Kalkül. Die Gruppentouristen können nicht mehr als einen sehr oberflächlichen Eindruck gewinnen. Sie werden mit Fahrzeugen durch das Land gekarrt, wohnen in chinesischen Hotels, bewegen sich immer entlang der gleichen Routen und besuchen ein paar Vorzeigeklöster, die längst Museen sind. Den Bergsteiger hält man für unpolitisch, da er sich nur für seinen Gipfel interessiert.
Eines der wenigen Ziele, die angeboten werden, wo auch eine Wanderung involviert ist, ist die Umrundung des *Kailas* in Westtibet, des heiligsten Berges der Welt, höchstes Pilgerziel für viele hundert Millionen Menschen – für Hindus, Buddhisten und Angehörige der in Tibet alteingesessenen Bön-Religion. Selbstorganisation von Trekkings in Tibet ist teuer und kompliziert. Es ist unvermeidlich, daß man dabei in die Fänge staatlicher chinesischer Organisationen gerät, die autorisiert sind, derartige Unternehmen zu organisieren und die notwendigen Genehmigungen einzuholen.

Für Trekkingtouren in Tibet ist der Yak als Lasttier unentbehrlich.

Der Yak ist für viele Tibeter, insbesondere für die Nomaden, das wichtigste Tier, ihre Lebensgrundlage schlechthin. Man kann sich kaum vorstellen, was der Yak dem Menschen alles gibt. Er gibt Milch, daraus macht man Butter, Käse und Yoghurt. Aus dem Haar gewinnt man Wolle für die Kleidung, daraus entsteht die Zelthaut. Der Yakdung wird eingesammelt, getrocknet und ist der einzige Brennstoff, den man auf den baumlosen Hochflächen Tibets kennt. Wie wichtig dieses Tier ist, sieht man allein schon daran, daß der Nomade ein Dutzend Namen für den Yak kennt.
So wie der Nomade ihn als Lasttier benutzt, wenn er sein Lager verlegt oder eine Handelsreise unternimmt, kann auch der Wanderer die Kraft und Ausdauer des Yak nutzen, um seine lebenswichtige Ausrüstung und Verpflegung durch fast menschenleere Gebirgswüsten zu bringen.
Ein Tibeter würde jedoch nie seinen wertvollen Yak einfach leihweise zu einem Mietpreis den Fremden überlassen, denn er weiß, daß nur er mit dem Tier richtig umgehen kann. Tatsächlich würde man sehr bald resigniert aufgeben, vielleicht sogar schon beim Beladen des Tieres, wenn man versuchen wollte, ohne tibetischen Yaktreiber loszuziehen. Der zottige Yak hat sich optimal an die Höhe und das rauhe Klima Tibets angepaßt, er ist nicht sehr schnell, aber dafür ausdauernd. Yaks sind sehr trittsicher im schwierigen Gelände, und sie können auch Schneefelder und Gletscher begehen. Den Vorteil, einen Reityak dabei zu haben, wird man erst dann ermessen können, wenn man einmal vor einem reißenden Fluß steht. Denn auf Yakrücken lassen sich auch Gebirgsbäche, die sonst kaum überwindbare Hindernisse wären, sicher überqueren.

9.2.2.1 Chinesische Trekkingveranstalter

China Mountaineering Association
10 Zuoanmennei Av. Chongwen District, Beijing
Tel.: 7011629

Tibet Mountaineering Association
No. 7 East Lingkor Rd., Lhasa
Tel.: 22981

China International Sports Travel
4 Tiyuguan Road, Beijing
Tel.: 7017369

China International Sports Travel
Generalagentur für Deutschland
Andreas Rinnößel
Richard-Wagner-Str. 6
5632 Wermelskirchen
Tel.: 02196-82711, Fax 4884

Tibet International Sports Travel
Himalaya Hotel, Lhasa
Tel.: 23775

China International Travel Service
Lhasa Branch
168 West Beijing Rd., Lhasa
Tel.: 24277

Quinghai Mountaineering Association
No. 1 Shan Shaan Tai, Yining, Quinghai
Tel.: 76030

9.2.2.2 **Wichtige Trekkingrouten**

Von Ganden nach Samye

Dauer 3 bis 4 Tage. Ausgangspunkt ist das *Kloster Ganden,* das man mittels Bus von Lhasa aus erreicht. Das Kloster wurde während der berüchtigten Kulturrevolution gänzlich zerstört – von verwirrten Tibetern selbst, wie man heute weiß – und wird langsam wieder aufgebaut. Ganden war einst das größte Kloster der Welt mit mehr als 10000 Menschen. Es wurde von Tsongkhapa, dem großen tibetischen Reformator gegründet, der auch der erste Abt dieses Klosters war. Sein Grab-Tschörten mit der kostbaren Zahnreliquie wurde ebenfalls zerstört und geplündert.
Von Ganden aus geht man direkt in Richtung Süden, überquert Rücken um Rücken und Paß um Paß. Der erste dieser Pässe ist der 5100 Meter hohe *Jokhar La.* Wenn man Glück hat, findet man einen Nomaden, der sich als Begleiter anbietet, um oben nach seinen Yaks Ausschau zu halten. Nach dem Paß windet sich ein gut erkennbarer Pfad in ein tief eingekerbtes Tal hinab, das ein Bach entwässert, den man unweit einem Nomadenlager durchwatet. Neuerlich folgt ein steiler Aufstieg zum Paß *Tschitu La* (5000 m). Dahinter eingebettet liegen zwei Seen, aus denen ein Bach heraustritt, der in einer engen Schlucht verschwindet. Durch diese Schlucht führt auch die Route. Mehrmals muß der Fluß durchquert werden, der immer reißender wird, und dem man bis nach *Samye* folgt.
Die Tour Ganden-Samye gehört zu den wenigen Wanderungen, die man

Aufbruch vom Kloster Ganden.

auch ohne Organisation und chinesische Begleitung durchführen kann. Vor allem deshalb, weil der Ausgangspunkt Ganden von Lhasa aus leicht zu erreichen ist.
Samye ist das älteste Kloster Tibets, es liegt inmitten einer kleinen Oase unweit der Ufer des Tsangpo. Die ganze Anlage ist auf dem Grundriß des Mandala erbaut, einem kosmischen Symbol, und soll vom indischen Gelehrten Padsambhava im Jahre 775 gegründet worden sein.

Cho-Oyu-Basecamp – Nangpa La – Everest-Basecamp

Dauer 10 bis 12 Tage. Ausgangspunkt ist das Dorf *Dingri* an der Straße, die von Lhasa nach Kathmandu führt. In Dingri gibt es die Möglichkeit, tibetische Begleiter mit Pferden und Yaks anzuheuern.
Die Landschaft ist einmalig, bei schönem Wetter in ein Licht getaucht, das selbst einfache Naturerscheinungen überdimensional wirken läßt. Über den braunen Hügelketten und den grünen Yakweiden erheben sich gegen Süden zu wie Zacken einer Krone die Himalayariesen Everest und Cho Oyu, dazwischen ein tiefer breiter Einschnitt, den der *Nangpa La* bildet, jener so wichtige Paß, über den eine uralte Handelsroute führt, die Tibet mit dem Sherpaland Solu Khumbu und Nepal verbindet.
In zwei Tagen ist das *Cho-Oyu-Basislager* über die weite Dingri-Hochebene zu erreichen. Der Lagerplatz befindet sich am Ende des Kyetrag-Gletschers. An seinem östlichen Rand verläuft auch der Weiterweg zum vorgeschobenen Basecamp und schließlich zum vergletscherten Nangpa La hinauf. Wenn man zum Everest-Basislager an dessen Nordseite will, muß man wieder ein Stück den gleichen Weg zurücklaufen, den Ra Chu auf einer Holzbrücke überqueren und den über 5000 Meter hohen *Lamna La* erklimmen. Vom Paß steigt man hinunter zum Dorf *Zommug,* und von dort aus ist das *Rongbuk-Kloster* am Fuße der Everest-Nordwand in zwei Tagen zu erreichen. Den Basislagerplatz kann man vom Kloster aus in einer Tageswanderung besuchen.
Der Weg zurück führt im wesentlichen entlang der Piste, die anläßlich der chinesischen Everestexpedition im Jahre 1960 gelegt wurde. Auf den müden Trekker wartet noch knapp vor Erreichen der Lhasa-Kathmandu-Straße der 5150 Meter hohe *Pang La.* Von jenem Punkt, an dem man die Straße schneidet, sind es noch 12 Kilometer bis nach *Shekar,* einem kleinen tibetischen Dorf, das am Fuße eines wuchtigen Zeugenberges liegt, der unvermittelt aus der grünen Hochebene aufragt.

Die Umrundung des heiligen Berges Kailas

Dauer für eine Runde 2 bis 3 Tage. Einwöchige Anreise von *Lhasa* mit Geländefahrzeug über den Transhimalaya und die *Tschangthang,* die berüchtigten nördlichen Grassteppen Tibets. Eine andere Anreiseroute führt entlang des *Tsangpo-Tales,* allerdings ist diese während der Monsunmonate nicht benützbar. Das ganze Kailas-Gebiet einschließlich der beiden vorgelagerten Seen Manasarovar und Raksastal ist ein einziges

Heiligtum. Für den Hindu ist er der Sitz des höchsten Gottes Shiva, das irdische Abbild des Weltenberges Meru, der Nabel der Welt. Der Buddhist erblickt in ihm ein gigantisches, von der Natur geschaffenes Mandala, zu dem auch die ganze Umgebung zählt, vor allem die beiden Seen Manasarovar und Raksastal. Seit Menschengedenken kommen die Pilger hierher, mit den edelsten Gedanken, deren sie fähig sind, um diesem Berg ihre Verehrung darzubringen und sich mit ihm auszutauschen. Denn Berge sind Orte der Kraft, und besondere Berge haben eine besondere Ausstrahlung.

Der Kailas steht so isoliert da, daß man ihn auf einer relativ kurzen Strekke von 56 Kilometern gänzlich umrunden kann. Ausgangspunkt dafür ist das kleine Pilgerlager *Tarchen* an der Südseite des Berges. Hier kann man Yaks anmieten, und es finden sich immer wieder Pilger, die sich anbieten, den Rucksack zu tragen. Für sie ist es eine willkommene Gelegenheit, um religiöse Verdienste mit geschäftlichen Interessen zu verbinden. Von Tarchen aus windet sich der ausgetretene Pfad um den Sockel des Berges, durch eine Landkarte des Glaubens, wo jeder Stein, jede Felsnase, jedes Rinnsal eine Bedeutung hat.

»Wer ihn sieht, dessen Sünden werden ausgelöscht wie der Tau von der Morgensonne.« *(Skanda Purana)*

Die Landschaft, durch die man wandelt, ist so schön, so einzigartig, daß selbst dem größten Rationalisten dämmert, daß er sich an einem besonderen Ort befindet. Mit jedem Schritt, den man dort zurücklegt, wandelt sich die Landschaft, nur der Kailas selbst erscheint als Symbol des Absoluten und funkelt wie der reinste Diamant.

Die höchste Stelle des Pilgerpfades ist der *Dölma La,* ein 5600 Meter hoher Paß, an dem die Göttin Dölma selbst eingegangen sein soll, nachdem sie den ersten Kailaspilger Gotsangpa dorthin führte. Klöster liegen entlang des Pilgerpfades, Lagerplätze finden sich überall, einer schöner als der andere. Die tibetischen Pilger halten sich oft mehrere Monate am Kailas auf, den sie Runde für Runde wie Satelliten umkreisen. Auch dem Fremden ist es nicht untersagt, mehr als nur eine Runde zu drehen!

Im Kailas-Manasarovar-Gebiet sind auch noch andere Wanderungen empfehlenswert. Ein Pilgerpfad führt um den *Manasarovar-See* herum. Auch hier gibt es Klöster und herrliche Ausblicke auf den Kailas und die Gurla Mandhata, einen hohen Siebentausender, der als weiblicher Gegenpol zum Kailas gilt. Der Weg um den Manasarovar-See dauert 3 bis 4 Tage. Zu den schwierigeren Trekkings in dieser Region gehört der Besuch der *Indus-Quelle.* Sie liegt ca. 60 Kilometer vom Rundweg um den Kailas entfernt. Die Route dorthin zweigt beim *Dirapuk-Kloster* vom Pilgerpfad ab, führt in nordöstlicher Richtung und über den *Lhe La* zur *Quelle des Indus.* Insgesamt entspringen vier der größten Flüsse Asiens

Auf dem Pilgerweg um den heiligen Berg Kailas.

im Kailas-Gebiet. Neben dem Indus auch der Brahmaputra (Tsangpo), der Sattledsch und Karnali.

Trekking zur Quelle des Gelben Flusses

Ein anderer bedeutender Fluß Asiens, nämlich der berühmte *Gelbe Fluß,* hat ebenfalls in Tibet seinen Ursprung. Seine Quelle liegt nicht in der »Autonomen Region«, sondern in Nordosttibet, in der alten tibetischen Provinz Amdo, die die Chinesen heute Quinghai nennen.

Dauer der Trekkingtour 3 bis 4 Wochen. Ausgangspunkt ist der Ort *Matö (Madoi)* 500 Kilometer südwestlich von Xining. Matö ist eine von diesen trostlosen Barackensiedlungen, mit denen die Chinesen Tibet überzogen und überfremdet haben. Hier kann noch etwas Verpflegung gekauft, Yaks und Yaktreiber angeworben werden. Auf der ganzen Route gibt es keine Möglichkeit mehr, sich zu verpflegen. Das Wetter ist auch im Sommer extrem. Es gibt Wetterstürze, da fällt die Temperatur binnen Minuten um 20 Grad. Hat man vorher unter der Höhensonne geschwitzt, ziehen blitzschnell Wolken auf, und es fällt Schnee.

Der Alptraum Matö löst sich auf, wenn man ein paar Kilometer des Weges zurückgelegt hat, löst sich auf im Angesicht einer alles beherrschenden, elementaren Natur.

Die Route folgt dem Lauf des *Gelben Flusses,* den die Tibeter *Machu* nennen, aufwärts. Ein zeitloses Panorama tut sich auf, eine Welt, die jenseits menschlichen Wirkens liegt, die sich nur stärkeren Kräften unterwirft, dem Eis, das einst Tibet bedeckte und jene gerundeten Formen schuf, die das Bild der Landschaft heute prägen.

Trekking in seiner schönsten Form. Einsamer Lagerplatz bei der Umwanderung des heiligen Berges Amnye Machen.

Der Weg zu den sagenhaften Quellen des Machu führt von Matö aus in westlicher Richtung über die beiden großen Zwillingsseen *Oring Tso* und *Tsaring Tso.* Es ist ein Weg in eine Welt von ungeheurer Weite und Einsamkeit. Nur mehr wenige Nomaden können hier leben. Sie durchstreifen mit ihren Yak- und Schafherden diese unermeßlichen Hochebenen, auf denen der Mensch im Nichts zu verschwinden droht. Ständig bewegt man sich auf Höhen um 4500 Meter. Es gibt weder Baum noch Strauch, allenfalls etwas Gras, dafür aber wetteifern die Gesteinsformen in ihrer Farbenpracht. Und darüber ein stählern blauer Himmel, über den bisweilen weiße Haufenwolken segeln, die man meint berühren zu können.
Dieser einsame, fast menschenleere Raum ist ein letztes Refugium für tibetische Wildtiere, die in anderen Gebieten längst verschwunden sind. Hier kann man noch größere Herden von Kyangs (Wildesel) erblicken, die wie auf einer Schnur aufgefädelt über die Ebene jagen. Hier sieht man noch hin und wieder Gazellen, Füchse, Schwarzhalskraniche...
Die beiden großen Seen, die sich wie ein Meer ausdehnen, werden nördlich umwandert. Eine kleine Schwelle führt hinüber zur *Odontala* – zum Sternenmeer, einer unermeßlichen Hochfläche mit zahllosen kleinen Seen und Tümpeln, die wie Sterne aufblitzen, wenn man von oben auf sie herabblickt. Im Westen wird das Sternenmeer vom Bayan-Kara-Gebirge begrenzt, an dessen Fuß der *Gelbe Fluß* seinen Anfang nimmt. 12 Tage Marsch sind es, um von Matö die Quellen des Machu (Gelber Fluß) zu erreichen. Für den Rückweg bietet sich die Route entlang der Südufer der beiden Seen Oring Tso und Tsaring Tso an.

Rund um den Amnye Machen

Dauer 8 bis 10 Tage. Ausgangspunkt ist *Tawu Dölma,* ein fossiles Überbleibsel aus der Mao-Zeit, als man versuchte, die Golok-Nomaden in triste Barackenlager einzupferchen. Die Siedlung erreicht man mit Geländefahrzeugen in zwei Tagen von Xining aus. Hier ist es möglich, tibetische Begleiter und Yaks anzuheuern.
Bis vor 1950 war der *Amnye Machen* einer der unzugänglichsten Orte Tibets. Der Berg ist das zentrale Heiligtum der Golok, einst gefürchtete Räubernomaden, die rund um das Massiv ihre Zeltlager aufgeschlagen haben. Die ersten Europäer, die diesen Berg aus großer Entfernung sahen, hielten ihn sogar für den höchsten Berg der Welt, einen Neuntausender, bis sich herausstellte, daß seine Höhe nur 6282 Meter beträgt. Der Amnye Machen ragt so weit über die umliegenden Amdo-Berge hinaus, daß diese wie arme Verwandte wirken.
Für die Golok und alle Amdo-Tibeter spielt seine Höhe keine Rolle. Sie sehen in ihm den Sitz des Geisterkönigs Machen Pomra, den mythischen Ahnherrn der Golok. Wie der Kailas wird auch der Amnye Machen von Pilgern rechtsläufig umwandert. Eine Runde beträgt 200 Kilometer. Aber nur alle zwölf Jahre findet eine Wallfahrt statt. Im Jahr des Pferdes kommen die Tibeter zu Tausenden zum Amnye Machen gepilgert.

Die Route folgt von *Tawu Dölma* aus dem Land des *Tawu-Flusses* südwärts. Gebetsfahnen, Mani-Mauern, Tschörten und ein Kloster säumen den Weg. Am zweiten Tag überquert man den ersten hohen Paß, den Trakdo La (4300 m) und steht dem Eispalast des Geisterkönigs unmittelbar gegenüber. Dann führt der Pilgerpfad durch ein System von Schluchten und Tälern an die Südseite des Massivs. Es gibt Wiesen mit Millionen blauer und weißer Enziane. Den südlichsten Punkt des Weges markiert ein weißer Tschörten mit einer langen Reihe von Gebetsmühlen, die die frommen Pilger ständig in Rotation halten.

Die Yaks bestimmen das Tempo. Jeder Lagerplatz wird so gewählt, daß die Tiere in der Umgebung genügend Gras finden können. Über enge Schluchten und abenteuerliche Flußüberquerungen gelangt man an die *Westseite des Amnye Machen.* Nun steigt der Pfad steil an und zieht hinauf zum höchsten Punkt der Umrundung, zum legendären Paß *Gethung La* (4550 m). Hier soll einst König Gesar von Ling, der populärste tibetische Heros, sich ausgeruht haben, dessen Schwert im Eispalast des Machen Pomra versteckt sein soll. Mit phantastischen Einblicken in das eisige Reich des Berggottes zieht man über die karge Hochfläche, in die sich die Gletscher wie lange Finger schieben. Eine kleine Schwelle leitet wieder hinüber ins Tal des *Tawu-Flusses,* dem man bis zum Endpunkt *Tawu Dölma* folgt.

9.3 Transhimalaya

Das Transhimalaya-Gebirge ist 2300 Kilometer lang und bis zu 200 Kilometer breit. Es verläuft parallel zum Himalaya, getrennt vom höchsten Gebirge der Erde durch die tiefe Furche des Tsangpo-Tales. Die Paßhöhen sind im Transhimalaya durchschnittlich höher als im Himalaya. Die Gletscher beginnen erst bei Höhen zwischen 4400 Meter und 6000 Meter. Als Wasserscheide ist der Transhimalaya bedeutender als sein berühmter Nachbar. Er scheidet die Gewässer zwischen dem Indischen Ozean und den abflußlosen Seen der Tschangthang. Im Transhimalaya gibt es keinen einzigen Achttausender. Der höchste Gipfel ist der Nyenchen Thangla (7111 m). Das Gebirge ist untrennbar mit dem schwedischen Forscher Sven Hedin verbunden. Insgesamt achtmal hat er zu Beginn des Jahrhunderts dieses Gebirge überquert. Mehrmals davon im Winter unter härtesten Strapazen und großen Verlusten. Von seiner stolzen Karawane, mit der er in Ladakh loszog, um den Transhimalaya zu erkunden, erreichten nur wenige Tiere Shigatse.

Das Gebirge besteht aus einem undurchschaubaren Gewirr von Hochflächen, Hügeln, Schwellen und eisfunkelnden Gebirgen. Tagelang be-

Unterwegs zum Amnye Machen. Hier sind dem Wanderer keine Grenzen gesetzt. Man könnte die Hochflächen und Gebirge ein Leben lang durchstreifen, ohne einen Ort ein zweites Mal zu berühren.

gegnet man keiner Menschenseele. Die Hochtäler im Transhimalaya sind so karg, daß nur noch wenige Nomaden hier ein Auskommen finden. Kaum faßbar, daß man dieses Land beschreiten kann. Eine Überquerung des Transhimalaya in seinem zentralen Bereich und zu Fuß wäre noch ein wirklich großes Abenteuer in unserer Zeit. Hier sind dem beharrlichen Wanderer keinerlei Grenzen gesetzt. Man könnte dieses Gebirge ein Leben lang durchstreifen, ohne einen Ort ein zweites Mal zu berühren.

Trek über das Nyenchen-Thangla-Massiv zum Nam Tso

Dauer 8 Tage. Ausgangspunkt ist das Dorf *Damzhung* an der Lhasa-Golmud-Straße, das von Lhasa aus mit einem Fahrzeug in 4 bis 5 Stunden zu erreichen ist. Zunächst führt die Route durch ein Marschland und dann hinauf zum *Lagaen Lo.* Hier existiert auch eine befahrbare Piste, die allerdings überwiegend von Yakkarawanen benutzt wird. Es ist ein Stück der alten Handelsroute, auf der das Salz von der Tschangthang nach Lhasa transportiert wurde. Von der Höhe des Lagaen Lo (5180 m) blickt man hinunter auf den riesigen *Nam Tso,* den zweitgrößten Salzsee Tibets. An der Spitze einer Halbinsel, die in den See hineinragt, liegt die kleine Einsiedelei *Tashi Gompa.* Für den Rückweg nach Damzhung bietet sich der Weg über den *Kong La* (5240 m) an. Das Dorf ist in zwei Tagen zu erreichen. Eine lohnende, aber ungleich schwierigere Alternative wäre die Route über den *Guring La* ins *Yangpachen-Tal.* Dieser Trek dauert 7 bis 8 Tage, ist anstrengend und gefährlich, da Gletscher überquert werden müssen.

9.4 Die Gebirge Zentralasiens

Hier möchte ich vor allem zwei Gebirge herausheben, die sich für Trekkings besonders eignen. Das *Kunlun-* und das *Tien-Shan-Gebirge.* In den trockenen, oft wüstenhaft anmutenden Gebirgsgegenden Zentralasiens bietet sich das Kamel traditionell als Lasttier an.

> Für Trekkings in den zentralasiatischen Wüstengebirgen ist das Kamel zum Transport der notwendigen Ausrüstung am besten geeignet.

Nur mit Hilfe dieser ausdauernden und an die karge Umwelt angepaßten Tiere konnten größere Trockengebiete überwunden werden. Zur Blüte-

Oben: In den Gebirgen Zentralasiens ist das Wüstenschiff als Lasttier für Trekkings prädestiniert.

Unten: Kameltrekking im Kunlun-Gebirge. Im Hintergrund der 7540 Meter hohe Muztagh Ata, der wildzerklüftete Gletscher in die braune Steppe aussendet.

zeit der Seidenstraßen zogen große Handelskarawanen durch das Tarim-Becken und über schneebedeckte Pässe des Karakorum, Kunlun und Tien Shan. Trekkingrouten folgen häufig solchen alten Karawanen- und Völkerwanderungswegen. Heute hat das Kamel als Lasttier ausgedient, und nur an wenigen Plätzen wird noch eine größere Anzahl gehalten, die man für ein Trekking anmieten kann. Kamele als Lasttiere können im Bereich des Muztagh Ata und Kongur, für Trekkings im Karakorum und Hohen Pamir eingesetzt werden. Im Tien Shan ist es besser, Pferde oder Maultiere zu verwenden, weil das Gelände dort für das »Wüstenschiff« nur mehr bedingt geeignet ist. Kamele können in flachen Flußtälern und gerundeten Bergformen gut vorankommen, aber keine Terrassenpfade, ausgesetzte Steige und enge Schluchten begehen.
Für die Organisation und Genehmigung von Trekkings in Bereichen, die innerhalb der Volksrepublik China liegen, sind die im Zusammenhang mit Tibet genannten Veranstalter zuständig. Auf eigene Faust und ohne die teuren chinesischen Organisationen lassen sich nur kleinere Wanderungen realisieren in Gebieten, die generell für Touristen offen sind. Das ist die Gegend von Muztagh Ata und Kongur im Kunlun-Gebirge und die Umgebung des Tienchi, des »Himmelssees«, und Bogda Shan im Tien-Shan-Gebirge.

9.4.1 Das Kunlun-Gebirge

Dieses gewaltige Gebirgsmassiv erstreckt sich vom Karakorum bis in den chinesischen Osten. Im Bereich der höchsten Erhebungen riegelt es Tibet von der Sandwüste Takla Makan ab. Die höchsten Gipfel sind Kongur (7719 m) und Muztagh Ata (7546 m).

Trekking im Gebiet des Muztagh Ata

Dauer 4 bis 5 Tage. Mit Besteigung des *Muztagh Ata* 3 Wochen. Ausgangspunkt ist der *Karakul-See,* den man über den Karakorum-Highway von Kashgar oder über den Khunjerab-Paß von Pakistan her erreicht. Der See liegt in einer zauberhaften Umgebung, eingebettet zwischen die Eisriesen des *Kongur* und *Muztagh-Ata-Massivs,* die sich im türkisfarbenen Wasser des Sees spiegeln. Auf den saftigen Hochalmen ringsum stehen weiße Zelte der Kirgisen, sogenannte Jurten, ringsum grasen Kamele, Pferde, Yaks und Schafe friedlich nebeneinander. Kirgisen sind Halbnomaden. Nur im Sommer ziehen sie mit ihren beweglichen Behausungen und dem Vieh auf den Hochebenen umher, im Winter dagegen leben sie in festgefügten Häusern aus Lehm. Bei ihnen kann man Kamele anmieten und Begleiter für ein Trekking anheuern. Kamele als Lasttiere haben hier Tradition, denn zur Blütezeit der Seidenstraßen zogen Kamelkarawanen sogar über den 5600 Meter hohen Karakorum-Paß. Vom Karakul-See kann in wenigen Stunden das Basislager des Muztagh Ata an der Moräne des Jambulak-Gletschers erreicht werden.

Muztagh Ata – Vater der Eisberge – nennen die Kirgisen diesen 7546 Meter hohen Berg. Sie erzählen, daß oben am Gipfel eine Stadt zu finden sei, Dschainadar, deren Bewohner vollkommen glücklich seien und nichts von Leiden, Kälte oder Tod wüßten. Andere glauben, daß der Berg ein riesiges Mazar ist, ein Heiligengrab, das auch den Schwiegersohn Mohammeds birgt. Der Aufstieg zum Muztagh Ata ist unschwierig, aber lang und in großer Höhe. Die beste Zeit dafür ist von Juli bis September. Als Aufstiegsroute bieten sich die beiden markanten Gletscherrücken *Jambulak* und *Quadumak* an. Ski als Hilfsmittel sind sehr zu empfehlen, auch wenn die Abfahrt oft wegen der widrigen Schneeverhältnisse alles andere als ein Vergnügen ist.

Vom Tarim-Becken zum K2

Dauer 3 bis 4 Wochen. Ausgangspunkt ist der chinesische Posten *Mazar,* an der Piste gelegen, die von Kashgar parallel zum Karakorum und über das Hochplateau Aksai Chin nach Tibet führt. Mazar ist in zwei Tagen mit einem Fahrzeug von Kashgar aus erreichbar.
Noch eine weitere Tagesetappe wird mit einem geländetauglichen LKW Marke »Ostwind« zurückgelegt. Dann aber wird endgültig von »Pferdestärken« auf »Kamelstärken« umgesattelt. Die ganze Ausrüstung wird auf Kamelrücken gepackt, und die Karawane zieht nun tagelang durch eine Landschaft, die an Wildheit und Unberührtheit auf der Erde ihresgleichen sucht. Zunächst führt die Route entlang des *Yarkand-Flusses* bis zur Kirgisensiedlung *Ilyka.* Dann geht es im *Surukwat-Tal* aufwärts und über den 4780 Meter hohen *Aghil-Paß.* Der Abstieg ins *Shaksgam-Tal* ist abenteuerlich. Nur zur Trockenzeit ist dieses enge, von himmelhoch aufragenden Wüstenbergen eingeschlossene Tal begehbar. Wenn es regnet und der Fluß sich in einen reißenden Sturzbach verwandelt, stellt er ein nahezu unüberwindbares Hindernis dar.
Am *Tek Ri* biegt man in das *Sarpo-Laggo-Tal* ein, dem man bis zum *K2-Basislagerplatz* folgt, der auf einer herrlichen Wiese der Mini-Oase *Suket* liegt. Hier besteht die Möglichkeit, den *Sughet Ri III* (6050 m) zu besteigen, der sich über das Basislager erhebt. Der Rückweg erfolgt über die gleiche Route.

9.4.2 Tien Shan – Das Gebirge des Himmels

Das *Tien-Shan-Gebirge* erhebt sich direkt über dem Sandmeer der *Takla Makan* und riegelt das *Tarim-Becken* nach Norden zu gegen die von Turkvölkern bewohnten Regionen der ehemaligen Sowjetunion ab. Die höchste Erhebung ist der *Pik Pobiedy* (7439 m), den die Chinesen *Tomur* nennen. Seine Eisbastion erhebt sich unmittelbar über *Aksu,* einer Oase an der Nordroute der Seidenstraße. Von Süden her wurde dieser Berg erst vor einigen Jahren durch eine chinesische Großexpedition erstiegen. Für das Trekking ist der Tien Shan in diesem Bereich noch absolutes Neuland.

Himmelsee und Bogda Shan

Dauer 1 Woche. Tienchi, der »Himmlische See«, ist von *Urumqi*, der Provinzhauptstadt von Xinjiang, in einem Tag mit Bus erreichbar. Entlang des Sees leben turkstämmige Nomaden. Bei ihnen kann man auch Pferde mieten, und von hier aus lassen sich Trekkings zum *Bogda Shan* (5500 m), dem höchsten Gipfel in diesem Teil des Gebirges, selbst organisieren. Außerdem kann man schöne Wanderungen in herrlich grüner und waldreicher Umgebung unternehmen.

Trek zum Mount Tomur (Pik Pobiedy)

Dauer 3 Wochen. Sehr schwieriges und anspruchsvolles Trekking. Die Annäherung an diesen Eisriesen, der aus der *Takla Makan* aufsteigt, ist schwierig und wegen der zu überquerenden Sturzbäche auch gefährlich. Ausgangspunkt ist die Oase *Aksu*, die man mit einem Fahrzeug von Kashgar oder Urumqi aus erreichen kann. Es gibt viel frische und gute Verpflegung auf dem lokalen Markt und natürlich auch die berühmten getrockneten Turfan-Weintrauben. In Aksu müssen Pferde angemietet werden, Kamele als Lasttiere sind für diese Route nicht geeignet.
Die Route folgt zum Teil einem alten Weg, der über das Himmelsgebirge führt und an einen nördlichen Zweig der Seidenstraße anknüpft. Allerdings dürfte diese Route nur selten begangen worden sein. Einen der wenigen antiken Berichte hat uns der chinesische Pilgermönch Xuan Zang überliefert, der vor mehr als einem Jahrtausend diesen exponierten Weg beschritt. Seine Schilderung von der Begegnung mit dem Eisberg *Tomur* mag viele Nachfolger abgeschreckt haben.

> »Er ist äußerst gefährlich, und sein Gipfel erhebt sich bis in den Himmel. Seit Anbeginn der Welt hat sich dort Schnee angelagert und in Eisblöcke verwandelt, die weder im Frühling noch im Sommer schmelzen.«

Das *Basislager* dieses Berges ist nach 6 bis 7 Tagen Marsch erreichbar und liegt am Fuße eines wildzerklüfteten Gletschers, der sich in mehreren Stufen aufbaut. Der Rückweg folgt der gleichen Route nach *Aksu*.

9.5 Die Kordilleren Südamerikas

Die *Kordilleren* oder *Anden*, das gewaltigste Gebirge Südamerikas, durchziehen den Kontinent wie ein Rückgrat. Es erstreckt sich von Feuerland bis Venezuela in einer Länge von 7500 Kilometern und bis zu 800 Kilometer Breite. Landschaftlich sind die Kordilleren das mannigfaltigste Gebirge der Welt. Von der Wüste bis zum tropischen Regenwald spannt sich der Bogen der Vegetationsformen, die in diesem Gebirge zu finden sind. Entsprechend abwechslungsreich und interessant ist das Gelände für Trekkings.

In bezug auf Landschaft und Vegetation stellen die Anden das interessanteste und abwechslungsreichste Trekkinggebiet dar.

Auf Grund der günstigen klimatischen Bedingungen sind einzelne Teile dieses Gebirges relativ dicht besiedelt – bis in Höhenlagen um 5000 Meter. Der beiderseits des Äquators liegende Bereich ist Lebensraum der ältesten Kulturvölker des Kontinents, die Nachkommen der im alten Inkareich vereinigten Völkerschaften. Trekkingrouten folgen hier oft alten Inkapfaden und eröffnen damit eine ideale Möglichkeit, Erleben der Landschaft und kulturelle Interessen zu verbinden.
Menschenleer dagegen sind die kargen Hochgebirgswüsten und der

Trekking in der Cordillera Huayhuash (Peru).

Süden – insbesondere Patagonien, wo die Gletscher bis ans Meer heranreichen.
Vielfältig ist auch das Spektrum der Berggestalten, die dieses Gebirge aufweist. Es reicht von formvollendeten Vulkanen, die wie riesige Zuckerhüte aus braunen Hochflächen aufragen, über den Aconcagua mit seinem gewaltigen Südabbruch, den bizarren Eiskathedralen der Cordillera Huayhuash, bis hin zu den sturmumtobten Gipfeln Patagoniens, diesem zu Stein gewordenen Bergsteigertraum. Das sind auch gleichzeitig jene magischen Punkte innerhalb des Gebirges, wo die schönsten Trekkingrouten existieren.

9.5.1 Beste Trekkingzeit

Die idealen Zeiten für Trekkings sind je nach Region unterschiedlich.

Argentinien:	Dezember bis April
Bolivien:	Mitte Juni bis Mitte September
Chile:	Dezember bis April
Ecuador:	Oktober bis Dezember
Peru:	Dezember bis Februar.

9.5.2 Organisation

Die schon im Kapitel 8 (Planung und Vorbereitung) genannten Trekking-Veranstalter bieten Touren an. Im Gegensatz zu weiten Bereichen des Himalaya und der zentralasiatischen Gebirge ist hier die Selbstorganisation von Trekkings wesentlich einfacher und auch nicht so kostspielig wie in Nepal, Tibet und China.

9.5.3 Wichtige Trekkingrouten

Bolivianische Königskordillere/Der Inkaweg Takesi

Dauer 3 bis 4 Tage. Ausgangspunkt ist das Indiodorf *Choquekota,* das mit einem Bus von La Paz aus zu erreichen ist.
Diese Route bietet eine besonders gute Gelegenheit, den alten Spuren der Inka nachzugehen und gleichzeitig ein Trekking zu erleben, das durch die verschiedensten Vegetationszonen führt – von der kargen Puna-Vegetation bis zum subtropischen Nebelwald. Von Choquekota aus folgt man dem gut erhaltenen und mit Mauern und Entwässerungskanälen versehenen *präkolumbianischen Steig* bis hinauf zu einem 4700 Meter hohen Paß, der über den Hauptkamm der *Königskordillere* leitet. Nach Überschreiten des Passes taucht man in das phantastische Reich der Pflanzen ein, steigt Treppe um Treppe im Dschungel ab. Die Rückkehr nach *La Paz* erfolgt vom Dorf *Coroico* aus.

Chile/Umrundung der Torres del Paine

Dauer 7 Tage. Ausgangspunkt ist der Nationalpark *Torres del Paine,* den man von dem kleinen Küstenort *Puerto Natales* mit Fahrzeugen erreichen kann. Die Torres del Paine sind unbeschreiblich schöne und mächtige Granitberge und -nadeln, die noch dazu in einer einmaligen Umgebung liegen. Sie ragen wie steinerne Festungen aus den Buchenwäldern auf und werden von einem Ring tiefblauer Seen umschlossen, so daß eine »Wasser-Berg-Landschaft« von seltener Harmonie sich dem staunenden Auge des Betrachters enthüllt. Durch diese Welt aus Fels, leuchtenden Gletschern, blauen »Lagunas« und unberührtem Lengawald (Südbuche) verläuft die Trekkingroute um das Massiv herum.
Pferde als Lasttiere können nur bedingt verwendet werden, weil sie den Paßübergang nicht bewältigen. Vom höchsten Punkt der Umrundung eröffnet sich ein herrlicher Ausblick auf den *Grey-Gletscher* und das *Patagonische Inlandseis.*

Peru/Umrundung der Cordillera Huayhuash

Dauer 10 bis 14 Tage. Ausgangspunkt ist der Ort *Chicquian* (3200 m), den man in einem Tag mit Fahrzeug von Lima aus erreichen kann. Hier können auch einheimische Begleiter angeworben sowie Pferde und Esel für den Gepäcktransport gemietet werden. Die Umrundung der 30 Kilometer langen und mit einigen Sechstausendern gekrönten Bergkette ist ein anspruchsvolles und landschaftlich ungemein interessantes Trekking. Gute Kondition und absolute Höhentauglichkeit sind Voraussetzung. Man bewegt sich ständig in Höhen zwischen 4000 und 5000 Meter, genießt phantastische Einblicke in die kühnen Berggestalten des *Yerupaja* und *Jirishanca.*
Hohe Pässe, lange Wanderungen über gelbbraune *Puna-Hochflächen,* dazwischen eingebettet Seen wie geschliffene Türkise, allen voran der zauberhafte *Jahuacocha.* Obwohl dieser See auf 4050 Meter liegt, finden sich an seiner Nordseite urwüchsige Quenua-Bäume. Der Weg um die Cordillera Huayhuash endet im Dorf *Lhamac.*

Ecuador/Cotopaxi (6005 m)

Dauer 3 Tage. Ausgangspunkt ist der *Cotopaxi-National-Park,* den man von Quito aus über den Panamerican Highway erreicht. Der formschöne *Cotopaxi* ist der höchste noch tätige Vulkan der Erde. Eine Stunde unterhalb der neuerbauten *Cotopaxi-Hütte* (4800 m) beginnt der eigentliche Aufstieg. Von hier aus ist der Gipfel am nächsten Tag in sechs- bis achtstündigem Aufstieg zu erreichen.
Schon um Mitternacht erfolgt der Aufbruch. Zuerst geht es über Aschenfelder hoch, dann über den ausgeaperten Gletscher und zuletzt über Firnfelder. Am höchsten Punkt angekommen, steht man vor einem durch ständig aufsteigenden heißen Dampf freigeschmolzenen *Kraterrand.*

10 TREKKING IN DER WÜSTE

Die Wüste ist eine Landschaft, die auf den Menschen eine besonders starke Anziehungskraft ausübt. Es wird behauptet, wer einmal in der Wüste war, wird immer wieder kommen, wer einmal der Faszination dieser Landschaft erlegen ist, den läßt sie nicht mehr los. Um so erstaunlicher ist es, daß nur wenige bereit sind, sich der Wüste wirklich auszusetzen, die Wüste als Mensch und nicht als Maschinenmensch zu erleben. Die meisten Menschen, die heute in eine Wüste »gehen«, tun dies mit Fahrzeugen, von denen sie sich höchstens lösen, um für ein paar Erinnerungsfotos einige Schritte im Sand zu laufen oder eine Düne zu ersteigen. Im Lärm und Staub ganzer Konvois von Geländefahrzeugen wird die Wüste zur Kulisse, in der die unmittelbare Erfahrung als Mensch nicht mehr möglich ist.

Es scheint paradox: Der einfachsten aller Naturlandschaften rückt der Mensch mit der kompliziertesten Technik zu Leibe. Wieviel Energie wenden motorisierte Wüstenfreaks für ihre Ausrüstung auf, für allradgetriebene Geländefahrzeuge, die mit allen technischen Raffinessen ausgestattet sind. Durch die Abhängigkeit vom Fahrzeug und weil die Mobilität nur auf Pferdestärken beruht, braucht man eine enorme Ausrüstung an Werkzeugen, Ersatzteilen und zum Überleben, wenn es trotzdem einmal mit der Technik nicht klappt. Der Mensch vermag auf diese Weise zwar in die Wüste einzudringen, aber letztlich entzieht sie sich ihm, bleibt draußen, von ihm getrennt.

Wenn ich damit sagen will, daß das Gehen in der Wüste mit dem Fahren nicht zu vergleichen ist, dann weiß ich, wovon ich spreche. Als ich nach 300 Kilometer Wüstenmarsch durch die Takla Makan ein Fahrzeug bestieg, das mich wieder aus der Wüste herausbrachte, konnte ich diesen Unterschied deutlich erfahren. Wie langweilig und unbefriedigend war es, die Wüste vom Inneren eines Fahrzeuges aus zu erleben, sie draußen vorbeiziehen zu sehen. Die Wüste und gerade die Wüste steht auch dem Wanderer offen, sie läßt sich genauso wie andere große Naturlandschaften zu Fuß beschreiten. Voraussetzung dafür ist aber, daß man weiß, wie man sich darin zu bewegen hat und welche besonderen Gefahren dort lauern. Nur wer sich ihr aussetzt, dem wird sie sich offenbaren, und wer sich bescheidet, wird reich belohnt. Ich kenne keine Landschaft, die so tief berührt und ins Herz schneidet wie die Wüste.

10.1 Die Faszination der Wüste

»Die Wüste ist keine Wildnis im Gegensatz zu den Leerzonen des Nordens. Sie ist rein, groß, unbefleckt. Sie hat das hellste Licht und den funkelndsten Himmel.

Sie ist ein Ort der Moral. Sie fördert die Reflexion und sie zeigt das Prinzip: Minimierung der Ansprüche ist Optimierung der Freiheit.« *(Otl Aicher)*

Es ist schwer, in Worte zu fassen, was es ist, das so tief bewegt, wenn man eine derartige Landschaft betritt. Ist es die Einfachheit der Formen,

Lager im Sandmeer der Takla Makan. Der Mensch ist in der Wüste nur flüchtiger Gast. Niemand ist imstande, dort längere Zeit zu überleben.

die hier existieren, die Reinheit und Klarheit, die davon ausgeht, oder ist es die absolute Stille, die in der Sandwüste herrscht, wo die Materie einen Endzustand erreicht hat, der kein Geräusch mehr verursacht.
Die Wüste hat zweifellos eine läuternde Wirkung auf den Geist, denn es gibt hier nichts mehr, woran Gedanken haften können, und man ist gezwungen, sich mit sich selbst auseinanderzusetzen. Sie ist wie ein Fokus, ein Ort der Reflexion. Nicht zufällig sind Propheten aller Zeiten in die Wüste gegangen, um etwas zu erfahren, sich selbst zu erfahren und dadurch kosmische Wahrheiten und gültige Gesetze zu erkennen. Die Wüste als ein Ort der Reinigung und Offenbarung, wo sich gleichsam auf sandigem Grund geistige Gesetze abzeichnen. Der Schriftsteller Antoine de Saint-Exupéry hat diese Dimension der Wüste erkannt und in kraftvoller Sprache artikuliert.

»Und doch glaube ich den Menschen mehr zu geben, wenn ich sie ganz einfach nötige, jenen Heiltrank zu trinken, der Weite verleiht, weil er dich zuweilen des Nachts in der Wüste unter den Sternen wandern läßt.« *(Antoine de Saint-Exupéry)*

Wüsten bestehen aus Gebirgen, die sich in einem ständigen Zustand der Verwandlung befinden und ununterbrochen neue Formen hervorbringen. Selbst härtestes Gestein kann den Temperaturschwankungen, die allein zwischen Tag und Nacht herrschen, nicht standhalten, es zerspringt zu immer kleineren Teilen und zerfällt schließlich zu Sand und Staub. Die Sandwüste ist der Endzustand zerfallener Gebirge. Architekt und Baumeister all dieser Gesteins- und Dünenformen ist der Wind. Wie ein verheerendes Sandstrahlgebläse fräst und bearbeitet er die Gesteine. Seine Energie überträgt sich auf die Oberfläche des Sandes, die sich zu bewegen beginnt wie Wellen im Meer, nur viel, viel langsamer. Die unterschiedlichen Erscheinungsformen der Sandoberfläche und die Dünenanordnungen sind eines der faszinierendsten Phänomene der Wüste.

»Das Studium der Wüste bietet die einzigartige Möglichkeit, etwas über die Naturgesetze zu erfahren, die eine Selbstorganisation unbelebter Materie bewirken.« *(Uwe George)*

Manchmal ist der Sand zu Millionen feiner Rippel strukturiert, die ein filigranes Wellenmuster zeichnen. Solche Sandrippel entstehen bei länger anhaltendem Wind aus einer Richtung und werden gebildet durch über die Oberfläche springende mittelgroße Sandkörner. Die Rippel wachsen immer im rechten Winkel zur Windrichtung und bewegen sich in gleichbleibenden Abständen zueinander über die Oberfläche. Solche Sandrippel müssen aber nicht winzig klein sein, sie können meterhoch werden und von einem einzigen Hindernis produziert werden. Wenn ein solches Hindernis den über die Oberfläche kriechenden Sand staut, bil-

det sich dort die erste Rippel, die ihrerseits wieder die nächste entstehen läßt und so weiter.
Über der Wüste gibt es nicht die geringste Wolkendecke, deshalb werden Sonne und Mond wieder zu natürlichen Begleitern, Maßstab für die Zeit. Tagsüber ist die Sonne so stark, daß sie oft alle Farben aus der Landschaft brennt und der Sand weiß wie Schnee wird. Erst gegen Abend, wenn die Sonne langsam untergeht, offenbart sich das ganze Wunder der Wüste; dann gibt es Licht- und Schattenspiele, entstehen Konturen und Kontraste, dann triumphieren die Farben in ihrer Leuchtkraft. Mit einem Schlag erlischt alles, wenn die Sonne untergegangen ist. Aber das ist nur ein kurzes Intermezzo, denn dann kommt der Auftritt des Mondes. Er verleiht der Wüste das Nachtgewand. In seinem Silberschein glitzert die Oberfläche des Sandes, als würden Millionen Eiskristalle darauf tanzen. Der nächtliche Himmel über der Wüste ist so klar, daß man meint, die Sterne müßten um Lichtjahre nähergerückt sein.

10.2 Große Wüsten der Erde

Die größten und interessantesten Wüsten der Erde befinden sich in Afrika und Asien.

Afrika:	Sahara	*Asien:*	Gobi
	Namib		Takla Makan
	Kalahari		

Sie sind es auch, die sich für Trekkings am besten eignen. Hier existieren seit Menschengedenken uralte Handels- und Völkerwanderungswege, denen man folgen kann. Hier gibt es auch Oasen, die sich als Ausgangs- und Endpunkte anbieten oder die man als Stützpunkte entlang der Route benutzen kann. Und nur in diesen Wüsten gibt es heute noch Kamele bzw. Dromedare, die für ein Trekking in der Wüste unentbehrlich sind. Die Zeit der Karawanen ist längst vorbei. Im Bereich der Sahara gibt es nur noch die legendäre Salzkarawane, die über 500 Kilometer von Agadez bzw. Timla nach Bilma zieht. In den zentralasiatischen Wüsten Gobi und Takla Makan hat das Wüstenschiff längst ausgedient, und der Warentransport entlang dieser extremen Trockengebiete erfolgt ausschließlich mittels Fahrzeugen. Wer diese Wüsten durchqueren will, muß deshalb seine eigene Karawane organisieren.
In diesen Wüsten gibt es auch Völker, die sich diese extreme Landschaft als Lebensraum erobert haben, deren Überleben dem Fremden wie ein Wunder erscheint. In der Sahara sind es die Tuareg oder die Tubu. Letztere haben den Ruf, die härtesten Wüstenbewohner der Erde zu sein. Von einem Tubu wird behauptet, daß er von einer einzigen Dattel drei Tage leben kann. Am ersten Tag verzehrt er die Haut der Frucht, am

zweiten Tag das Fleisch und am dritten den Kern. An den Rändern der Wüsten Zentralasiens leben Turkvölker und Mongolen. Die Turkvölker haben Oasen geschaffen, die wahre Wunderwerke an Bewässerungstechnik und Gartenkultur darstellen und die während der Blütezeit der legendären Seidenstraße zu Trägern einer einzigartigen Kultur wurden.

10.3 Trekking mit einer Karawane

»Das Wesentliche einer Karawane entdeckst du, wenn sie sich abnutzt. Wenn der Abgrund ihrem Weg widersteht, umgeht sie den Abgrund; wenn der Fels sich erhebt, weicht sie ihm aus; wenn der Sand zu fein ist, sucht sie anderswo festen Grund, doch stets schlägt sie wieder die gleiche Richtung ein...
So bewegt sich die Karawane notwendig in einer Richtung, die sie beherrscht; sie gleicht einem Stein, der einen unsichtbaren Hang hinabrollt.« *(Antoine de Saint-Exupéry)*

Im Gegensatz zu Eiswüsten läßt sich die *Sand- oder Steinwüste* nicht ohne Hilfe durchqueren. Aus dem einfachen Grund, weil kein Mensch imstande ist, für längere Zeit seinen Wasserbedarf zu schleppen. Nach meiner Erfahrung braucht man zwischen drei und vier Liter Wasser pro Tag allein während der Marschstunden, um der gefährlichen Dehydration des Körpers zu widerstehen. Hinzu kommt noch jene Flüssigkeit, die man im Zuge der Nahrungsaufnahme am Morgen und am Abend zu sich nimmt. Niemand ist imstande, allein das Gewicht für Wasser selbst zu tragen, zu dem zusätzlich noch das Gewicht der Ausrüstung wie Zelt, Schlafsack, Kocher, feste Nahrung usw. kommt. Geschichten von großen Wüstendurchquerungen im »Alleingang« sind Märchen, es sei denn, der verwegene »Wüstenfuchs« hat vorher Wasserdepots angelegt, oder der Weg führt über Oasenketten, die relativ dicht beieinander liegen, oder es gibt die Möglichkeit, in geringer Tiefe an Grundwasser zu kommen.
Traditioneller Helfer des Menschen bei der Durchquerung von Wüsten ist das *Kamel* oder *Dromedar.*

Das Kamel ist ein Wunder an Anpassung, Inbegriff des Überlebens in der Wüste.

Die Höcker dienen als Fettspeicher. Die Nüstern kann es bei Sandstürmen verschließen. Zusätzlich befindet sich darin ein Filter, der die Luft beim Einatmen befeuchtet, aber die Feuchtigkeit der ausgeatmeten Luft zurückhält. Das weich wirkende Maul ist gut gepanzert, so daß es mühelos Disteln und Dornen mampfen kann. Lange Zeit hat man geglaubt, daß das Kamel über ein eigenes wasserspeicherndes Organ verfüge

Unsere Kamelkarawane unterwegs im Dünenmeer der Wüste Takla Makan.

oder große Wassermengen im Höcker oder Magen mit sich herumtrage. Das stimmt nicht. Kamele sind wohl in der Lage, mindestens eine Woche ohne flüssige und feste Nahrung auszukommen, nur wird sie nicht in einem bestimmten Organ oder Körperteil gespeichert, sondern gleichmäßig im ganzen Gewebe verteilt. Während längerer Durststrecken deckt das Kamel seinen Flüssigkeitsbedarf aus dem Wasser, das im Gewebe und in den roten Blutkörperchen gespeichert ist. Letztere können sich bis auf das 240fache ihres Normalvolumens ausdehnen. Wassermangel führt deshalb nicht zur Eindickung des Blutes wie bei anderen Säugetieren und beim Menschen. Selbst Salzwasser ist für sie ein bekömmliches Getränk. Ihre Nieren verkraften bis zu 6 Prozent Natriumchlorid.

Erstaunlich ist auch ihr Kühlsystem. Die langen Beine heben den Körper über die heißeste Luftschicht in Bodennähe hinaus. Das Fett ist nur in den Rückenhöckern gespeichert, so daß die Eigenwärme am übrigen Körper ungehindert abstrahlen kann. Aber bei mehr als 50 Grad Hitze kann auch das Kamel keine Eigenwärme mehr abgeben, trotzdem beginnt es nicht zu schwitzen, um den Körper zu kühlen. Denn sie besitzen eine unter Säugetieren wohl einmalige Eigenschaft: Ihre Körpertemperatur kann bis auf 9 Grad über den Normalwert steigen, ohne die Lei-

stungsfähigkeit zu beeinträchtigen. Erst dann setzt beim Kamel die letzte Kühlmethode ein: Es beginnt zu schwitzen.
So leistungsfähig dieses Tier ist, so schwierig ist es mit ihm umzugehen. Sie haben einen eigenen Willen, und ihr Charakter scheint so geheimnisvoll wie das Wesen der Wüste selbst. Man ist deshalb auf einheimische Karawaniers angewiesen, die mit ihnen umzugehen verstehen, die sie richtig satteln und bepacken. Es ist faszinierend, eine Kamelkarawane in der Sandwüste zu beobachten. Wie ein riesiger Tausendfüßler windet sie sich durch das Dünenmeer, eine einzige Spur tellergroßer Tritte zurücklassend. Eine Karawane, die ständig ihr Lager aufschlägt, aber nirgendwo festen Fuß faßt.

Die Karawane bestimmt den Rhythmus und das Tempo, sie ist die mobile Oase, der Garant für ein Überleben in der Wüste.

Es dauert lange, bis die Kamele beladen und abmarschbereit sind. Die Strecke, die eine Karawane am Tag zurücklegt, hängt vom Gelände ab. Ist es eben, dann sind es im Durchschnitt 15 bis 20 Kilometer. Bewegt man sich aber im Zickzackkurs durch das Meer der Wanderdünen, dann sinkt die Tagesleistung auf 10 bis 15 Kilometer. Sind noch dazu hohe Dünenkämme zu überwinden, verlangsamt sich das Tempo weiter. Die Leistung hängt natürlich auch davon ab, wie schwer die Tiere beladen und wie lange sie ohne Flüssigkeitsaufnahme schon unterwegs sind.

Manchmal ist es möglich, durch Graben im Sand an das Grundwasser heranzukommen. Das Wasser sammelt sich nachts im Brunnenloch und kann am Morgen herausgeschöpft werden.

Kamele und Dromedare sind für Wüstendurchquerungen hervorragend geeignet. Die Karawane ist eine Art mobile Oase, die ständig ihr Lager aufschlägt, aber nirgendwo festen Fuß faßt.

10.4 Gehen in der Wüste

An das Gehen in der Wüste muß man sich gewöhnen. Denn sobald man seinen Fuß in die Wüste setzt, wird das Vorwärtskommen sofort physisch anstrengender. Das Gehen im weichen Sand gleicht oftmals dem Spuren im Schnee. Aber es ist viel schöner. Die faszinierenden Kunstwerke aus Sand, die einen umgeben, machen die Anstrengung leichter vergessen.

Weil eine schützende Wolkendecke fehlt, treffen die Sonnenstrahlen ungehindert auf die Sandoberfläche und heizen sie auf über 60 Grad auf. Der Wanderer hat nicht so lange Beine wie ein Kamel und ist deshalb der Bodenhitze voll ausgesetzt. Hinzu kommt noch eine extrem geringe Luftfeuchtigkeit von höchstens fünf Prozent (in Mitteleuropa sind es sechzig Prozent). Mund und Schleimhäute trocknen bei jedem Atemzug weiter aus und suggerieren Durst, diese Eifersucht auf Wasser, die schwerer zu ertragen ist als alles andere. Dagegen hilft ein Pflaumenkern, der für frischen Speichel sorgt, solange man ihm im Mund behält. Die Dehydration ist enorm. Selbst der Schweiß, mit dem sich der Körper gegen Überhitzung schützt, verdunstet sofort. Nirgendwo gibt es den geringsten Schatten, die Sonne brennt unbarmherzig herab, und es ist absolutes Gebot, die Haut vor der Strahlung zu schützen.

Es ist wichtig, die richtige Route durch das Dünenlabyrinth zu wählen. Auf Leeseiten und flachen Passagen ist der Sand weich, und es kostet mehr Kraft, sie zu überwinden als die harten windgepreßten Luvhänge. Wenn möglich, sollte man Kombinationen geschwungener Dünengrate folgen, um nicht ständig auf- und absteigen zu müssen.

Mit Langlauf (LL)-Ski durch die Sandwüste
In der reinen Sandwüste empfiehlt es sich sogar, wie im Schnee Ski einzusetzen. Am besten Langlauf-Ski. Das ist kein perverser Werbegag und auch keine absurde Neuheitsspinnerei, sondern tatsächlich sinnvoll. Mit Ski ist man nämlich doppelt so schnell wie zu Fuß und noch dazu bei geringerer Kraftanstrengung. Außerdem macht es großen Spaß, über die steilen Leeseiten der Mondsicheldünen abzufahren. Das muß allerdings geübt sein, denn der Sand bietet einen anderen Widerstand als Schnee. Der große Vorteil aber ist, daß man mit Ski an den Füßen nicht mehr gezwungen ist, dem Zickzack der Dünenkämme zu folgen, sondern eine kerzengerade Linie einhalten kann. Das spart Weg und erleichtert die Orientierung.

10.5 Klimatische Extreme

Extreme Temperaturunterschiede von bis zu 70 Grad zwischen Tag und Nacht sind in der Wüste keine Seltenheit. So hatte ich während der Durchquerung der Takla-Makan-Wüste tagsüber Werte von 50 Grad gemessen, nachts aber fiel das Thermometer auf minus 10 Grad und noch tiefer. Dieses klimatische Wechselbad – tagsüber bewegt man sich durch einen Backofen und nachts legt man sich in den Eisschrank zum Schlafen – ist auf das Fehlen einer Wolkendecke zurückzuführen. Die Sonne strahlt ungehindert auf die Wüstenoberfläche und heizt den Boden tagsüber auf. Diese Hitze kann aber nicht gehalten werden, und wenn die Sonne untergegangen ist, strahlt sie sofort wieder ab, dorthin woher sie gekommen ist – in den Weltraum hinaus.
In Wüsten können extreme Luftaustauschsituationen auftreten, die zu verheerenden Sandstürmen führen, wie zum gefürchteten schwarzen Sandsturm Kara-Buran, dem in der Takla Makan ganze Karawanen zum Opfer gefallen sein sollen.

10.6 Gefahren in der Wüste

»Wenn sich die Kameltreiber verirren und in diese Schlinge geraten, die noch nie ihre Beute wieder hergegeben hat, erkennen sie sie nicht von vornherein, denn sie hat keinerlei Kennzeichen, und so schleppen sie, wie einen Schatten ins Sonnenlicht, ihre gespenstische Gegenwart mitten hinein. Festgeklebt auf dieser Leimrute, glauben sie zu gehen; schon von der Ewigkeit verschlungen, glauben sie, noch zu leben. Sie treiben ihre Karawane weiter, dorthin, wo keine Anstrengung mehr gegen den stummen Widerstand der Weite aufkommt.« *(Antoine de Saint-Exupéry)*

Die meisten Menschen assoziieren mit einer Wüste sofort die Gefahr des Verdurstens. Hat man eine *Karawane* als Begleitung, ist diese Gefahr gering. Man ist weder von Wasserlöchern abhängig, die ausgetrocknet sein könnten, noch muß man seine Flüssigkeit aus mühevoll gegrabenen Brunnen gewinnen. Der gesamte kalkulierte Wasservorrat kann von vornherein mitgenommen werden, und man muß nur entsprechend viele Tragtiere anmieten, damit dieser transportiert werden kann. Das Wasser muß rationiert sein und die Reserven ständig im Auge behalten werden.

Besondere Sorgfalt ist hier angebracht, wie die fatale Erfahrung des schwedischen Forschers Sven Hedin beweist. Er hatte versäumt, sich zu vergewissern, ob der vorgesehene Wasservorrat auch wirklich aufgeladen wurde, als er zu Beginn des Jahrhunderts mit seiner Karawane in das Sandmeer der Takla Makan hineinzog. Dort kam es zum Wüstendrama, und der größte Teil seiner ganzen Karawane ging dabei zu Grunde. Nur er selbst und ein einheimischer Begleiter konnten sich halb verdurstet noch retten.

An objektiven Gefahren lauern in der Wüste nur Sandstürme. Die können aber verheerend genug sein, wie man von einschlägigen Berichten weiß. Die Kamele haben einen feinen Instinkt dafür und kündigen die drohende Gefahr schon vorher an, indem sie sich niederlegen, mit dem Hinterteil gegen die Windrichtung, und unter keinen Umständen mehr weiterzubewegen sind. In einem solchen Fall ist es am besten, hinter dem massigen Körper eines Tieres Schutz zu suchen, sich durch Tücher und Kleidung vor dem Sand zu schützen und das Ende des Sturms abzuwarten. Es besteht natürlich auch die Gefahr, sich in der Wüste zu

In der reinen Sandwüste, in diesem Meer der Wanderdünen, erleichtern Langlaufski durchaus die Fortbewegung.

verirren, aber mit den heute zur Verfügung stehenden Orientierungshilfen wie z. B. Satellitennavigation ist diese Gefahr auszuschalten. Die Einheimischen benutzen Sonne und Gestirne zur Orientierung.

10.7 Wüstenspezifische Ausrüstung

Sehr wichtig ist ein geeignetes Schuhwerk. Trekkingschuhe mit wasserdichten Materialien wie Laminate (Goretex, Sympatex usw.) sind für die Wüste nicht geeignet, weil sie einen unerträglichen Hitzestau verursachen. Die Schuhe müssen leicht sein, halbhoch, und aus sehr dünnem dampfdurchlässigen Material. Leichte, sehr atmungsaktive Bekleidung ist empfehlenswert, die nicht eng anliegend sein darf. Eine Kopfbedekkung ist absolut notwendig, wenn möglich, soll sie auch den Nacken schützen.

Es ist ratsam, die Ausrüstung in wasserdichte Säcke zu packen, um sie vor dem Sand zu schützen. Dies gilt vor allem auch für empfindliche technische Geräte wie Fotoapparate, Kurzwellenempfänger usw.

Den lebensnotwendigen Wasservorrat transportiert man in Plastikkanistern oder noch besser in Markill-Tonnen, in denen wir auch unsere Ausrüstung und Verpflegung untergebracht hatten. Diese ergeben paarweise eine ausgewogene Kamellast und lassen sich gut am Sattel befestigen.

Für die tägliche Wasserration zum Gehen benutzten wir Wassersäcke von 4 bis 5 Liter Volumen.

Standardausrüstung für das Trekking wie Zelt, Schlafsack, Rucksack und dergleichen haben auch in der Wüste ihren Anwendungsbereich.

Kamelgerippe als Wegweiser säumen Wüstenrouten. Zu Gefahrensituationen kommt es bei Sandstürmen und vor allem durch menschliche Fehler, wenn man sich verirrt oder den Wasserverbrauch falsch einschätzt.

11 TRECKING IN DEN TROPEN

Der tropische Regenwald mit seiner ungeheuren Vielfalt und Dichte an Pflanzen ist eine der faszinierendsten Naturlandschaften der Erde. Er stellt eine Welt für sich dar, ein komplexes Öko-System, in dem alles mit allem in Verbindung steht. Ein sensibles und verwundbares Reich der Pflanzen, wo sich jeglicher Eingriff durch den Menschen zerstörerisch auswirkt. Die Vernichtung der »grünen Lungen« unseres Planeten hat eine Dimension und Geschwindigkeit angenommen, daß befürchtet werden muß, in absehbarer Zeit diese Urlandschaft nur noch auf alten Fotos und in Biologiebüchern zu finden. Die Regenwälder sind erschreckend klein geworden, verglichen mit der einstigen Ausdehnung sind sie heute zu Flächen von Schrebergartengröße zusammengeschrumpft. Aber noch immer geht die Zerstörung weiter, die wenigen unter Schutz gestellten Flecken sind nicht viel mehr als ökologische Feigenblätter, die die Blößen verhüllen sollen.

Der tropische Regenwald ist die am meisten gefährdete Naturlandschaft, für deren Erhaltung es vehement einzutreten gilt.

Die tropischen Regenwälder sind auch Lebensraum verschiedener Stammesvölker, die sich an die Bedingungen des Waldes optimal angepaßt haben, so daß sie ihn zwar als Speisekammer nutzen, aber seine Substanz im wesentlichen nicht schädigen. Heute müssen diese Völker ihr traditionelles Leben aufgeben, weil der Wald zu klein geworden ist, um sie zu ernähren, und systematisch geplündert wird. Einige dieser Völker, wie die Punan auf Borneo oder Papuagruppen Neuguineas, führen einen verzweifelten Kampf gegen die Holzlobby, Bulldozer und staatliche Ausbeuter. Aber es steht schon von vornherein fest, daß sie verlieren werden. Andere Völker wie die Amazonasindianer haben bereits resigniert und sehen der Zerstörung ihres Lebensraumes ohnmächtig zu. Einige Stammesgruppen sind lange schon entwurzelt und beteiligen sich selbst an der Vernichtung ihrer Lebensgrundlage.
In unserem Sprachgebrauch wird der Regenwald immer noch als »grüne Hölle« bezeichnet, ein Ausdruck, der nur zu deutlich die Natur als Feindbild suggeriert. Aber noch nie war die Gefahr größer, daß sich das grüne Paradies tatsächlich in eine Hölle verwandelt, in einen Landstrich, auf dem kein Leben mehr möglich ist.

11.1 Gehen im Regenwald

Das Unterwegssein im *Primärurwald* ist wie eine Einweihung in das Mysterium der Schöpfung und vermittelt einem das Gefühl, in eine Welt eingetaucht zu sein, die nicht von diesem Planeten ist. Den Zutritt zu diesem Reich der Riesenpflanzen muß man sich aber erst verdienen. Ich habe keine Landschaft kennengelernt, wo es schwieriger war, sich fortzubewegen als im Urwald, nirgendwo habe ich mich so unsicher gefühlt wie beim Balancieren über schlüpfrige Prügel, und noch nie bin ich mir so tolpatschig vorgekommen wie im Dschungel Neuguineas, als ich den wieselflinken Bergpapuas hinterherstolperte.

Der Urwald erscheint dem Fremden als geschlossene grüne Mauer, undurchdringlich und abweisend. Pfade sind nicht zu erkennen, die Vegetation baut sich in mehreren Stockwerken übereinander auf und bildet ein Pflanzendach, das kaum Sonnenlicht eindringen läßt.

Gehen im Urwald bedeutet oft, sich durch ein weg- und brückenloses Terrain zu bewegen.

Primärwald ist für den Fremden auch wirklich unbegehbar, es sei denn, man bahnt sich mit Gewalt einen Weg. Für ein Trekking kommen deshalb nur Pfade in Frage, die Einheimische benutzen. Solche Wege führen von Siedlung zu Siedlung in entfernte Marktplätze oder bevorzugte Jagdgebiete. Wobei das Wort »Weg« oft eine freundliche Übertreibung ist und in Wirklichkeit die Pfade im Zickzackkurs zufällig umgestürzten Baumstämmen folgen und nur für das geschulte Auge des Urwaldmenschen zu erkennen sind.

Wie in keiner anderen Landschaft ist der Fremde hier auf die Hilfe ortskundiger Begleiter und Führer angewiesen. Ohne sie würde man in manchen Gebieten kaum weit kommen. Die Orientierung ist in diesem Gelände schwierig und durch die ständig notwendigen Richtungswechsel zeitraubend. Allein das Gehen ist anstrengend und beschwerlich genug. Gehen ist oft nicht das richtige Wort für die Art der Fortbewegung in einem Urwald. Man läuft dort nicht am Boden, sondern man bewegt sich häufig im ersten Stock des Waldes, klettert auf einem meterhohen Wurzelgerüst umher und kommt erst mit dem Urwaldboden in Berührung, wenn man ausrutscht und in die modernde Substanz verfaulter Pflanzen stürzt, aus der der Wald lebt und sich selbst regeneriert. Das Turnen über glitschige Baumstämme und moosbedecktes Unterholz erfordert viel Geschick und Übung. Lernen muß man auch, daß man nicht alles im Urwald anfassen kann. Überall gibt es messerscharfe Blätter und dornenbewehrte Pflanzen, an denen man sich am Anfang unwillkürlich festzuhalten sucht. Aber bekanntlich lernt man aus schmerzvoller Erfahrung am schnellsten, und der Grad der Anpassung läßt sich am

Oben: Manchmal ist das Urwaldgelände so schwierig zu begehen, daß es besser ist, die Schuhe auszuziehen und barfüßig über die schlüpfrigen Prügel zu turnen.

Unten: Am Ruwenzori bewegt man sich in Höhen zwischen 3000 und 4000 Meter über Teppiche aus Moos und durch eine Märchenwelt von Riesenpflanzen, die in dieser Ausprägung nur hier existieren.

Blutegel können bei Urwaldmärschen zur Plage werden. Entfernt man sie von der Haut, kommt es häufig zu eiternden Wunden, die im feuchten Tropenklima nur schwer heilen.

besten daran ermessen, wie viele Wunden man am Ende des Marschtages zu versorgen hat und wie viele Dornen aus der Haut entfernt werden müssen.

Wer glaubt, er sei Tarzan und könne es dem Dschungelkönig gleichtun und mit einer Schlingpflanze von Baum zu Baum schwingen, der wird sehr schnell erkennen, daß dies nur im Film möglich ist. Wenn man nur eine herabhängende Liane anfaßt, fällt einem gleich einiges auf den Kopf; Geäst und Laubkissen, die nur lose auf den Bäumen hängen, stürzen sofort herab. In Wirklichkeit wird man also trachten, so wenig wie möglich zu berühren oder nur dort hinlangen, wo es auch die einheimischen Begleiter tun.

Ein eigenes Kapitel beim Trekking in den Tropen sind *Flußüberquerungen.* In manchen Gebieten wie zum Beispiel in den Bergurwäldern Neuguineas, bilden die Flüsse die größten Hindernisse. Hier hat die Urgewalt Wasser eine gefährliche Dimension. Flüsse sind dort reißende Sturzbäche, Brücken darüber kaum vorhanden oder sie bestehen nur aus umgestürzten Baumstämmen, wo man sein Leben in Metern mißt.

Reißende Urwaldflüsse, ohne Brücken, sind die schwierigsten Hindernisse beim Trekking.

Erst mit Hilfe der einheimischen Begleiter sind diese zu überwinden. Sie legen noch weitere Stämme hinzu, spannen Lianengeländer und führen den Fremden wie ein Kind an der Hand über diese gefährlichen Passagen.

11.2 Tropenberge – Ewiges Eis über dem Äquator

Hohe *Tropenberge* eignen sich besonders für Trekkingtouren, weil der Aufstieg durch verschiedene Vegetationszonen führt – bis hinauf in die Regionen von Fels und Eis. In manchen Gebieten sind es nur solche Berge, an denen die Urwälder vom Menschen weitgehend unangetastet blieben. Sie ragen heute wie Inseln aus dem Siedlungsland heraus. Einige der interessantesten Tropenberge sind heute geschützt, sie liegen innerhalb von Nationalparks wie zum Beispiel Kilimanjaro, Mount Kenya, Ruwenzori, Mount Kinabalu...

Die bekanntesten Tropenberge und alljährlich Anziehungspunkt für Trekker und Bergtouristen aller Herren Länder sind *Kilimanjaro* (Tansania) und *Mount Kenya* (Kenia), die beiden höchsten Erhebungen des afrikanischen Kontinents. Beide Berggebiete sind vulkanischen Ursprungs, beide tragen Gletscher, aber während der Gipfel des *Kibo* (5895 m) zu erwandern ist, sind die höchsten Spitzen des *Mount Kenya – Batian* (5199 m) und *Nelion* (5188 m) – nur dem Bergsteiger vorbehalten.

Ein leicht zu besteigender Tropenberg, der allerdings keine Eiskappe trägt, ist der *Mount Kinabalu* auf *Borneo.* Hier führt ein breiter Weg, der in einen durch Stufen und Geländer präparierten Steig übergeht, bis zum Ende der Vegetationszone in etwa 3700 Meter hinauf und dann über mit Seilen gesicherten Fels zum Gipfel dieses Viertausenders. Das

Bei der Überquerung des Beu-Flusses auf dem Weg zum Carstensz-Gebirge. Reißende Urwaldflüsse bilden im Hochland von Neuguinea die größten Hindernisse.

schwierigste und nur im Expeditionsstil erreichbare tropische Eisgebirge ist das *Carstensz-Gebirge* im Herzen *Neuguineas.* Seine eisbedeckten Gipfel erheben sich bis knapp unter 5000 m Höhe über die dampfenden Urwälder der Insel. Und bis heute war es nur wenigen vergönnt, diese sagenhaften Berge mit eigenen Augen zu sehen.

11.2.1 Ruwenzori – Trekking im Reich der Riesenpflanzen

Ein interessantes und das von der Vegetation her vielleicht eindrucksvollste Trekkingziel ist der *Ruwenzori,* der »Regenmacher« an der Grenze zwischen Uganda und Zaire. Mit mehr als 320 Regentagen im Jahr ist es eines der niederschlagsreichsten Gebiete der Welt, ein Schwamm im Herzen Afrikas, der auch die Quellen des Nil speist. Das Gebirge war deshalb bereits in der Antike bekannt, und seine Gipfel sind als *Lunae Montes* – Mondberge – in alte Schriften eingegangen.
Die Ersteigung der höchsten Gipfel *Margherita* und *Alexandra* erfordern alpinistische Erfahrung. Aber auch wem diese höchste Region verschlossen bleibt, der wird am Ruwenzori Einmaliges erleben können. Eine Rundtour von 7 bis 10 Tagen, die von Uganda aus mit Hütten und Pfaden erschlossen ist, führt bis an den Rand der Gletscher heran und davor und danach durch eine Märchenwelt mit Pflanzen von riesenhaftem Wuchs, wie es sie in dieser Dichte und Ausprägung wohl nirgendwo sonst auf der Welt gibt. Die Zeit, in der es am Ruwenzori am wenigsten regnet, sind die Monate Dezember/Januar und Juli/August.
Ausgangspunkt für diese Tour ist das kleine Bergdorf *Ibanda,* das von Kasese aus in einer Stunde mit dem Fahrzeug erreichbar ist. *Kasese* ist der Endpunkt jenes Schienenstranges, der vom Indischen Ozean in das Innere des schwarzen Kontinents führt. Hier leben die Bakonjo, ein kleiner Stamm, dessen Angehörige schon die ersten europäischen Expeditionen auf dieses Bergmassiv führten. Auch heute beziehen die Männer des Dorfes ihr Haupteinkommen vom Tourismus. Dafür roden sie nicht weiter den Wald, halten Pfade und Hütten instand. Das Büro vom *Ruwenzori Mountaineering Service* vermittelt Träger und Führer, die nach einer Art Rotationsprinzip ausgewählt werden. Einen Führer zu nehmen ist Vorschrift. Wer glaubt, aus sportlichem Ehrgeiz seine Ausrüstung selbst schleppen zu müssen, der kann einem leid tun, ganz abgesehen davon, daß die Bakonjo dafür wenig Verständnis haben und sich um ihr kärgliches Einkommen betrogen fühlen. Um sie nicht zu beleidigen, sollte man auch dann, wenn man alles selbst schleppt, einen Trägerlohn als Kompensation bezahlen.
Zunächst führt der Weg noch durch kultiviertes Land das *Tal des Mubuku* bergwärts. Dann beginnt der Pfad steiler zu werden und windet sich

Am Ruwenzori gibt es die interessanteste Bergflora der Welt. Hier herrscht ein Pflanzengigantismus, der einem das Gefühl vermittelt, in eine Traumwelt einzutreten.

zum dicht bewachsenen *Nyabitaba-Rücken* auf. Knapp vor der *Nyabitaba-Hütte* (2650 m) kommt man durch ein Stück Wald mit Urwaldriesen, die noch ahnen lassen, wie es hier aussah, bevor der Mensch Hand an den Wald gelegt hat. Am nächsten Tag steht zuerst die Überquerung des reißenden *Mubuku* auf dem Programm, die man mit einer neuen Brücke entschärft hat, dann folgt ein langgezogener Anstieg über das *Bujuku-Tal.* Heller Bambuswald und eine Vielzahl an Blumen finden sich in dieser Zone.

11.2.1.1 Die interessanteste Bergflora der Welt

Ein kurzes Stück unterhalb des Tagesziels aber tut sich plötzlich und unvermittelt ein Blick in eine fremde Welt auf, eine Szenerie, die alles bisher Geschaute vergessen läßt. Da stehen inmitten einer Sumpfwiese meterhohe Lobelien, zwischen denen blauschillernde Nektarvögel hin und her fliegen. Da gibt es Riesensenecien, Erika und Johanniskraut, das in Europa nur wenige Zentimeter groß wird, als Bäume. Die Äste der Heidekrautbäume sind mit zentnerschwerem Moos gepolstert, Flechten hängen wie Bärte herab und geben den Bäumen das Aussehen von Waldgeistern, die stumm dastehen und immer wieder im Nebel verschwinden. Hier auf knapp 3500 m Höhe tritt man ein in das Reich der Riesenpflanzen. Die Vegetation sprengt hier alle Maßstäbe. Die Ursache

*Die **Lobelia beguaertii** erreicht eine Höhe von fünf Meter. Sie wird vom Nektarvogel bestäubt.*

Hölzerne Stege sollen am Ruwenzori die verletzbaren Sümpfe und Lobelienwiesen vor der Zerstörung durch den Berg- und Trekkingtouristen schützen.

für diesen Pflanzengigantismus ist ungeklärt. Es wird vermutet, daß durch die permanente Wolkendecke die schädliche UV-Strahlung abgehalten wird. Im Zusammenwirken mit der extrem hohen Feuchtigkeit entsteht dieses Wunder.

11.2.1.2 In der Zauberwelt der Riesenblumen

Nach der *John-Matte-Hütte* (3400 m) führt der Weg durch ausgedehnte Carex-Sümpfe und Lobelien-Wiesen über mehrere Geländestufen bergwärts. Aus dem Staunen aber kommt man nicht mehr heraus. Man wandert durch ganze Wälder aus Strohblumen, in denen man sich wie ein Zwerg vorkommt, dann sind es wieder blühende Senecien, die ein richtiges Dickicht bilden. Trotz zunehmender Höhe wird die Vegetation immer verschwenderischer. Dann liegt ein See plötzlich da, von himmelhoch aufragenden Bergen eingeschlossen, und darüber leuchten weiße Eiskaskaden herab – die Zwillingsgipfel *Margherita* und *Alexandra.* Der *Bujuku-See* liegt bereits auf 4000 Meter Höhe. Von hier führt der Weg hinauf zum *Scott-Elliot-Paß* (4200 m), von dem aus entweder die *Elena-Hütte,* der Ausgangspunkt für die Besteigung der beiden Eisgipfel, oder das *Kitandara-Tal* angepeilt werden kann.
Wer keine Gipfelambitionen hat, wechselt vom Bujuku-See ins Kitandara-Tal hinüber, das an landschaftlicher Schönheit noch eine Steigerung bietet. Über den *Freshfield-Paß* und die *Guy-Yeoman-Hütte* gelangt man wieder nach Nyabitaba. Hier schließt sich der Kreis, und die letzte Etappe nach Ibanda hinunter ist nur noch eine erinnerungsbeladene Wanderung von 2 Stunden.

11.3 Spezielle Ausrüstung

11.3.1 Schuhwerk

Für das Gehen im Urwald sind Schuhe mit weichen biegsamen Sohlen sehr zu empfehlen. Auf schlüpfrigen Prügeln und glatten Baumstämmen sind Schuhe mit steifen Sohlen eindeutig ein Nachteil. Man hat damit zuwenig Gefühl und rutscht leichter aus. Durch die permanente Feuchtigkeit, den Morast und spitze Gewächse können die Schuhe sehr bald unbrauchbar werden. Deshalb unbedingt Reserveschuhe mitnehmen.
Auf Tropenbergen gibt es in Höhen über 3000 Meter oft Sümpfe und Hochmoore. Hier sind Gummistiefel notwendig. Zusätzlich Teleskopskistöcke, die aber ohnehin für mich zur Standardausrüstung für das Trekking zählen.

11.3.2 Wasserdichte Behälter

Die gesamte Ausrüstung muß vor Nässe geschützt werden und am besten in wasserdichten Säcken (Paddlersäcke) untergebracht sein. Tragbare Markill-Tonnen sind zum Transport der Verpflegung und technischer Geräte gut geeignet.

11.3.3 Zelt

Die Zelte müssen mit Moskitonetz ausgestattet sein. Günstig ist es auch, wenn das Überzelt allein aufgebaut werden kann und dann erst das Innenzelt installiert wird.

11.3.4 Regenbekleidung

Eine gute Regenbekleidung soll ebenfalls im Gepäck sein. Keinen Regenponcho, weil man damit kaum durch den Dschungel klettern kann. Solange man sich in warmen niedrigen Regionen befindet, wird man ohnehin die tropische Regendusche bevorzugen, als unter der Regenbekleidung im eigenen Saft zu schmoren. Auf Tropenbergen in Höhen von 3000 Meter und mehr aber ist die Regenbekleidung dagegen sehr nützlich.

Der Ruwenzori ist einer der faszinierendsten Tropenberge. Die Vegetation sprengt hier alle Maßstäbe. Noch in 4100 Meter Höhe finden sich Lobelien und Senecien von riesenhaftem Wuchs, und darüber leuchten die bizarren Eisformationen der Zwillingsgipfel Margherita und Alexandra auf.

12 TRECKING IM EIS

Die großen Eiswüsten der Erde, Nord- und Südpol und das Inlandseis von Grönland, sind so extrem, daß nur wenige expeditionserfahrene Forscher, Bergsteiger und Abenteurer sie zu betreten wagten. Das sind wirklich letzte große Freiräume, die der Mensch noch nicht angetastet hat. Und es ist zu hoffen, daß es dabei bleibt.
Möglichkeiten, im ewigen Eis unterwegs zu sein, gibt es auch außerhalb der genannten Gebiete. In Alaska zum Beispiel oder in Patagonien, aber auch im europäischen Bereich – in Mittelnorwegen (Jostedalsbreen) und vor allem auf Spitzbergen. Außerdem bieten sich winterliche Landschaften zum Trekking an. Ich denke dabei an Touren in Sibirien oder in Skandinavien. Ein tolles Unternehmen ist die Überquerung der *Hardangervidda*, Europas größte Wildnis, im Frühjahr mit Ski.

12.1 Ausrüstung und Hilfsmittel

Ähnlich wie in der Wüste muß man auch im Eis und Schnee alles Lebensnotwendige mitführen, abgesehen natürlich vom Wasser.

12.1.1 Bekleidung

Extreme Wetterbedingungen und Kälte erfordern ein Bekleidungssystem, das in mehreren Schichten übereinander getragen wird und ge-

Unterwegs in der Eiswelt Alaskas. Hier wird man selbst zum »Schlittenhund«.

Schwierigkeiten bilden eisige Gletscherbäche wie die Durchquerung des Jostedalen in Norwegen.

eignet ist, möglichst viel Feuchtigkeit nach außen abzugeben (siehe Kapitel 3). Die äußerste Schicht muß absolut winddicht und zumindest in hohem Maße wasserabweisend sein.
Darunter ist Fleece-Bekleidung zu empfehlen und eine Unterwäsche, die viel Feuchtigkeit (Schweiß) aufnimmt und weitergibt.
In Gebieten mit extrem tiefen Temperaturen (Alaska) ist Daunenbekleidung notwendig.

12.1.2 Schuhe

Für das Unterwegssein im Schnee und Eis verwendet man heute ausschließlich Schuhe mit harter Kunststoffschale. Besonders wichtig aber ist der Innenschuh. Materialien, die viel Feuchtigkeit aufnehmen (Filz) sind für kalte Gebiete ungeeignet und gefährlich. Am wärmsten ist ein Thermo-Innenschuh aus Aveolit oder Innenschuhe mit Laminaten (Goretex, Sympatex). Zusätzlich sind Thermo-Gamaschen zu empfehlen, die über die Schuhe gezogen werden können.

12.1.3 Zelt

Ein sturmfestes Zelt mit Thermo-Überzelt (Kuppelzelt – Igluform) ist absolut notwendig. Schlaucheingänge sind vorteilhaft. Wer beim Zelt glaubt sparen zu müssen, riskiert sein Leben. Das gleiche gilt für den Schlafsack. Es kommt nur Daune in Frage, mit einer Füllung, die für die zu erwartenden Temperaturen ausreicht.

12.1.4 Ski

Tourenski mit Fellen, Langlaufski oder Schneeschuhe sind Hilfsmittel zur besseren Fortbewegung in Eis und Schnee. Es kommt immer auf das Gelände und die zu erwartenden Bedingungen an, für welche dieser Hilfsmittel man sich entscheidet. Ist das Gelände flach oder gibt es steilere Aufstiege und Abfahrten, liegt tiefer Schnee oder fester Firn?
Schmale LL-Ski (Rennski) sind nicht geeignet. Am besten sind LL-Wanderski mit Schuppen oder integrierten Fellen, eventuell sogar mit Stahlkanten.

12.1.5 Schlitten und Segel

Bei längeren Trekkingtouren wird die notwendige Verpflegung und Ausrüstung das Volumen der Rucksäcke übersteigen. Dann ist es unumgänglich, einen Schlitten einzusetzen. Dieser wird an einem Brustgurt befestigt und nachgezogen.
Auf weiten flachen Eisflächen, wo ständig Wind herrscht, wurden von Expeditionen kleine Segel als Hilfsmittel zur schnelleren Fortbewegung eingesetzt.

12.2 Jostedalsbreen – Mit Ski über den längsten Gletscher Europas

Über dunkelblaue Fjorde erhebt sich ein riesiges, weißes Firnfeld, von dem sich 24 zum Teil wildzerklüftete Gletscherzungen in die schluchtartigen Täler ziehen. Das ist der *Jostedalsbreen,* ein Gletscherplateau von der Art, wie man es auf Island oder Grönland findet. Mit 486 Quadratkilometer Ausdehnung und 70 Kilometer Länge ist der Jostedalsbreen nicht nur Norwegens größte Eisfläche, sondern auch Europas längster Glet-

Nebel ziehen vom Fjord hinauf und bilden eine phantastische Kulisse für den Wanderer, der seine einsame Spur über den Jostedalsbreen zieht.

scher. Ein eindruckvolles Stück Naturlandschaft, das sich am besten mit Langlaufski erwandern läßt.
Von *Fjaerland,* einem einsamen Seitenarm des Sognefjordes, steigen wir über dichtbewachsene steile Hänge 1000 Meter direkt vom Meer zum Gletscherrand auf. Zerrissene Hängegletscher greifen wie Riesenarme in ausgeschliffene U-Täler hinab. Es ist nach Mitternacht und immer noch hell, als wir den Gletscher betreten. Im nordischen Sommer verschwimmen die Grenzen von Tag und Nacht, und nur mehr die Müdigkeit des Körpers bestimmt, ob man rastet oder geht.
Vor uns liegt eine makellos weiße, leicht ansteigende Eisfläche. Der Horizont, ein silbernes Band, scheint den Himmel zu berühren, über den bisweilen weiße Haufenwolken segeln. Die Wolkenschatten täuschen Inseln vor, die scheinbar auf der Oberfläche treiben. Unsere Spur, eine schnurgerade Linie, verliert sich hinter uns in der weißen Unendlichkeit. Der Wanderer gleicht hier dem Schiffbrüchigen, der gegen die Unendlichkeit anschwimmt. Der *Jostedalsbreen* ist flach und daher die Spaltengefahr gering. Nur an den Rändern, wo er in die Täler und Fjorde herabstürzt, ist er zerrissen. Die Orientierung aber ist auf dieser geschlossenen Schneefläche nicht so einfach und kann bei Schlechtwetter zum Problem werden. Auf den ersten Kilometern dient uns das östlich gelegene *Hurrungane-Gebirge* als Wegweiser, dann halten wir auf das *Högste Brekulen* zu, eine markante Erhebung, die den höchsten Punkt des Gletschers bildet. Dahinter beginnt der Jostedalsbreen sanft abzufallen. Seit Stunden sind wir schon unterwegs, wir haben jedes Gefühl für Zeit verloren, die Beine werden bleiern schwer und zwingen uns, eine längere Rast einzulegen. Da kommt uns ein Felsblock gerade recht, der mutterseelenallein aus der Schneefläche ragt. Schnell ist das Zelt aufgeschlagen, und für Stunden fallen wir in einen totenähnlichen Schlaf.
Dann geht es wieder weiter, Kilometer für Kilometer spulen wir im gleichbleibenden Rhythmus ab. Dann taucht wie ein Unterseeboot aus dem Meer die dunkle Felspyramide des *Lodalskapa* auf. Er markiert für uns die Küste, die es zu erreichen gilt. Der Gletscher fällt nun immer steiler ab, die Spalten werden immer häufiger und zwingen uns die Ski abzuschnallen. Zuletzt wartet noch ein offener Eisbruch, den wir mit Steigeisen und am Seil gesichert überwinden. Dann aber ist das *Jostedalen* erreicht. Ein Schritt auf den nächsten bringt uns aus dem Eis in eine Welt von üppig-verschwenderischer Vegetation. Da gibt es Wiesen voll Wollgras, Frauenschuh, saftiggrüne Matten mit blühenden Sträuchern. Es ist es idyllisches Fleckchen Erde, auf dem wir unsere Gletscherwanderung beschließen.

Oben: Bei der Überquerung großer Schnee- oder Eisflächen wird die lebenswichtige Ausrüstung am besten auf einem Schlitten transportiert.

Unten: In polaren Eisgebieten ermöglicht das sturmsichere Zelt (Igluform) mit Thermohülle das Überleben. Ski braucht man zur Fortbewegung.

FLUSSTREKKING

Darunter verstehe ich das Befahren der großen Flüsse dieser Erde mit Booten, die einerseits bis zu einem bestimmten Grad wildwassertauglich sind und andererseits das Mitnehmen von soviel Ausrüstung ermöglichen, daß man sich über Tage und Wochen autark in der Natur aufhalten kann.

Es gibt Naturlandschaften auf dieser Erde, wo die Wasserwege die einzigen »Straßen« und Zugangsmöglichkeiten darstellen. Da bietet sich das Flußtrekking als ideale Form des Unterwegsseins an.

Flußtrekking muß nicht heißen, daß man an bestimmte Gewässer gebunden ist. Es gibt heute Schlauchboote, die sich so klein zusammenlegen lassen und ein so geringes Gewicht haben, daß es möglich ist, sie wie einen Rucksack über Berge zu tragen. Mit solchen Booten kann man von einem Flußlauf zum anderen hinüberwechseln. Cross-River-Trekking (XR-Trekking) heißt diese faszinierende Idee. Dadurch ergeben sich neue Chancen für Durchquerungen von Landschaften, in denen Flüsse die einzigen Wege bilden. Mit XR-Trekking hat man aber auch ein Mittel an der Hand, Neuland zu betreten, weil damit eine Kombination von Flußfahrt und Trekking möglich ist.

Das Bootfahren muß allerdings gelernt sein. Es genügt nicht, an einem See oder an der Riviera einmal mit einer aufblasbaren Badewanne gepaddelt zu haben, um große wilde Flüsse anzugehen. Dafür bedarf es einer gehörigen Portion Erfahrung und Wissen um die Gefahren und Schwierigkeiten, die einen im Element Wasser erwarten, bevor man sich an einen der großen Flüsse dieser Erde heranwagen darf. Diese Erfahrung holt man sich am besten in den alpinen Gewässern Europas. Die tadellose Beherrschung der Paddeltechnik und aller Manöver, die notwendig sind, um sich sicher auf wildem Wasser zu bewegen, ist unabdingbare Voraussetzung. Man muß bedenken, daß man sich beim Flußtrekking oft durch menschenleere Wildnis bewegt. Der Verlust der lebenswichtigen Ausrüstung durch Kentern kann daher fatale Folgen haben.

Flußtrekking kann sehr abenteuerlich sein, wenn man Gewässer mit größerem Gefälle und Schluchten befährt, oder auch beschaulich, wenn der Fluß langsam und träge dahinfließt – nur langweilig ist es nie.

Oben: Befahrung des Keriau, eines der Quellflüsse des Kapuas, mit XR-Trekking-Booten.

Unten: Das Grabner-Outside ist auf Grund des hochgezogenen Bugs und Hecks besonders wildwassertauglich.

13.1 Ausrüstung

Zunächst braucht man die auch für Trekking in anderen Regionen notwendige Grundausrüstung wie Zelt, Schlafsack, Kocher usw. (siehe Kapitel 3). Sie muß natürlich auf das Klima des Flusses abgestimmt sein, den man befahren will. Es ist ein Unterschied, ob es sich um einen Tropenfluß handelt oder ob ein Fluß in Alaska das Ziel ist. Für ein Flußtrekking in den feucht-heißen Tropen wird man keinen Daunenschlafsack mitnehmen, höchstens einen Kunstfaserschlafsack oder überhaupt nur ein Baumwollinlett.
Ähnlich verhält es sich mit dem Zelt. Ein Thermo-Überzelt wird nur der wählen, der gerne in einer Sauna schläft. Am angenehmsten ist es, wenn man nur ein Innenzelt aus Moskitonetz aufzustellen braucht – aber Vorsicht, der nächste Regenguß kommt sicher.
Das Kernstück der Ausrüstung ist aber das Boot samt dem entsprechenden Zubehör. Im folgenden stellen wir Ihnen einige Bootstypen vor, die so konstruiert sind, daß man mit ihnen längere Flußwanderungen unternehmen kann.

Das XR-Trekking-Boot von Big Pack im Einsatz.

Cross-River-Trekking, auf deutsch »Kreuz-und-Quer-Flußtrekking«, läßt sich mit einem XR-Boot verwirklichen, das sich auch auf dem Rücken mal über eine Bergbarriere tragen läßt.

13.1.1 Das XR-Trekking-Boot von Big Pack

Das XR-Boot wird in der Form eines Zweier-Kanadiers gebaut. Fünf Luftkammern garantieren selbst bei Beschädigung ausreichend Sicherheit. Das Bootsmaterial ist leichtes, gummiertes Trevira-Hochfestgewebe.

Außenmaße:	Länge 417 cm
	Breite 100 cm
Innenmaße:	Länge 330 cm
	Breite 40 cm
Gewicht:	21 kg
Packmaß:	70×40×25

Das Platzangebot für Gepäck ist ausreichend. Angenehme Sitzposition mit den schräggestellten Sitzduchten.

13.1.2 Markill-Canadier

Ein »gutmütiges« und kippstabiles Boot, das durch sein großes Volumen konkurrenzlos viel Stauraum und auch den benötigten Auftrieb hat. Das große Volumen hat den kleinen Nachteil leicht erhöhter Seitenwindanfälligkeit und geringerer Wendigkeit.

Außenmaße:	Länge 445 cm
	Breite 104 cm
Innenmaße:	Länge 350 cm
	Breite 64 cm
Gewicht:	22,5 kg
Packmaß:	85×55×23

Material: Strongan-Bootsmaterial, das ist ein hochwertiger Mehrschichtenstoff in drei Luftkammern.

13.1.3 Grabner-Outside

Optisch sehr markant sind der hochgezogene Bug und das Heck. Beim Fahren bringt das enorme Wendigkeit und geringeres Eintauchen in Walzen und Wellen.
Dafür muß man das geringere Platzangebot in Kauf nehmen. Die verstellbaren Sitzduchten werden den unterschiedlichen Fahrgewichten und Wildwasseranforderungen gerecht.

Der Markill-Canadier ist ein gutmütiges Boot mit viel Platz für Ausrüstung.

Außenmaße:	Länge 410 cm
	Breite 105 cm
Innenmaße:	Länge 340 cm
	Breite 45 cm
Gewicht:	21 kg
Packmaß:	55×40×25

Drei Luftkammern in Gummi/Hypalon-beschichtetem Trevira.

13.2 Zubehör

XR-Trekking von Big Pack: Ein Bootszelt, das über dem Boot aufgebaut werden kann und wirklichen Schlafkomfort bietet.
Spritzdecke, Schwimmwesten, Helme, Paddel, Reparatursets, Pumpen in diversen Ausführungen, Schenkelgurte, Tragesysteme, wasserdichte Packsäcke bieten alle Hersteller in sehr guter Qualität an.

13.3 Technik

Es würde den Rahmen dieses Buches sprengen, genau auf die Einzelheiten einzugehen. Daher möchte ich anschließend nur einige Grundbegriffe anführen:

Sitzposition
Der Kniesitz sieht auf den ersten Blick ungemütlich aus, aber das täuscht gewaltig. Das Hauptkörpergewicht ruht auf dem Sitzbrett, nicht auf den Knien. Diese Haltung ist außerordentlich bequem und ermöglicht Ihnen langes und ermüdungsfreies Paddeln.

Das Paddel
Richtige Paddellänge – Körpergröße minus 20 cm.
Wenn Sie das Paddel über den Kopf halten, und Ober- und Unterarm bilden einen rechten Winkel, so ist die Paddelhaltung bzw. die Griffweite richtig.

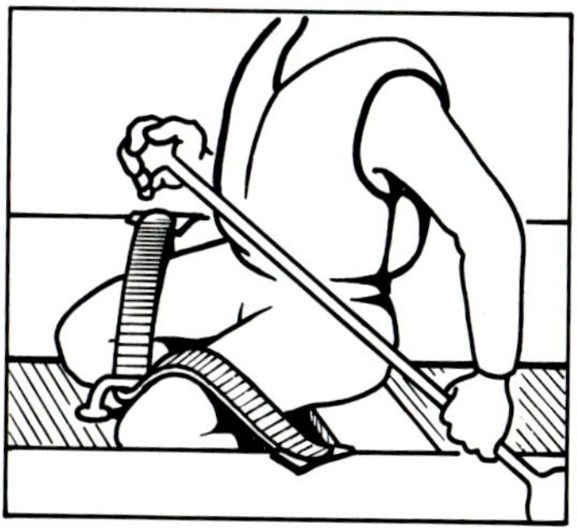

Der Kniesitz: *Das Gesäß ruht auf einem Brett, der Sitzducht, so daß die Knie nur einen Teil des Körpergewichtes zu tragen haben. Dadurch wird die Wirbelsäule entlastet, und man kann lange und ermüdungsfrei paddeln.*

Paddelschläge

Der Oberkörper muß bei der Paddelbewegung ruhig sein. Die Hauptbelastung liegt im Schulterbereich.

Grundschlag

Für die Vorwärtsbewegung des Bootes setzen Sie das Paddel ohne zu spritzen, weich und ruhig in das Wasser ein und ziehen das Paddelblatt, das vollständig in das Wasser eingetaucht wird, parallel zur Bootsachse durch und führen es über der Wasseroberfläche wieder zurück.

Rundschlag

Durch diesen Schlag ändern Sie die Fahrtrichtung bei gleichzeitiger Beschleunigung schnell und wirkungsvoll. Den Oberkörper vorbeugen und das Blatt vom Bug weg nach hinten ziehen – so wird der Rundschlag korrekt ausgeführt.

Konterschlag

Der Konterschlag ist die umgekehrte Ausführung des Rundschlages; das Boot führt eine Drehbewegung aus.

Ziehschlag

Der Ziehschlag bewirkt eine Bewegung des Bootes auf die Arbeitsseite des Ausführenden.

Verschiedene Paddelschläge

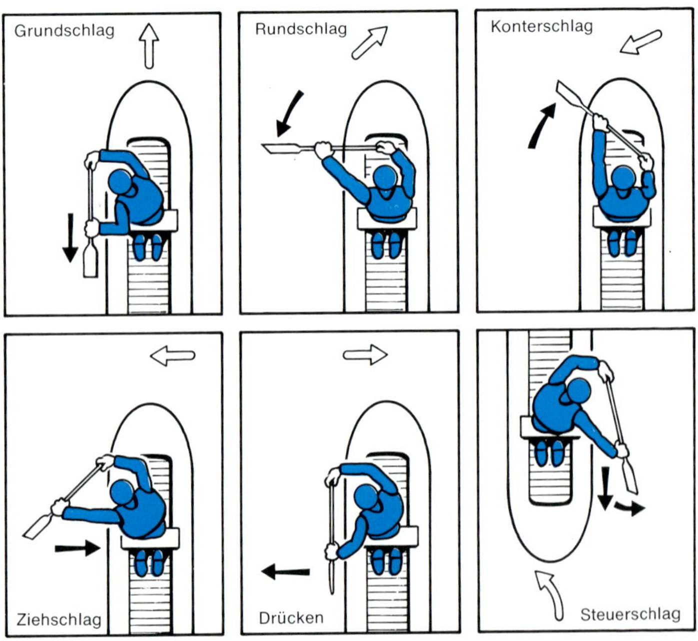

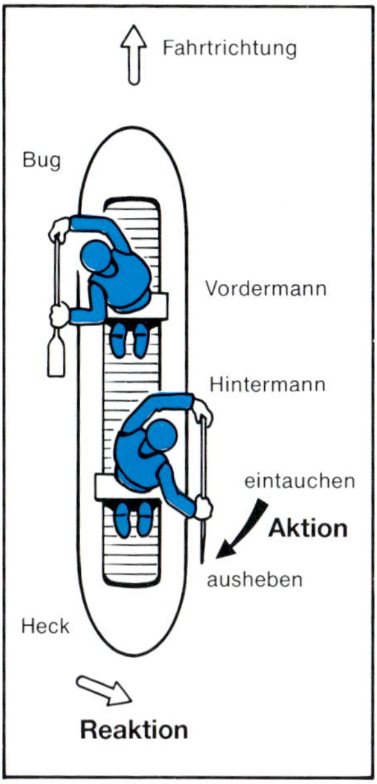

Aktion und Reaktion beim Paddeln.

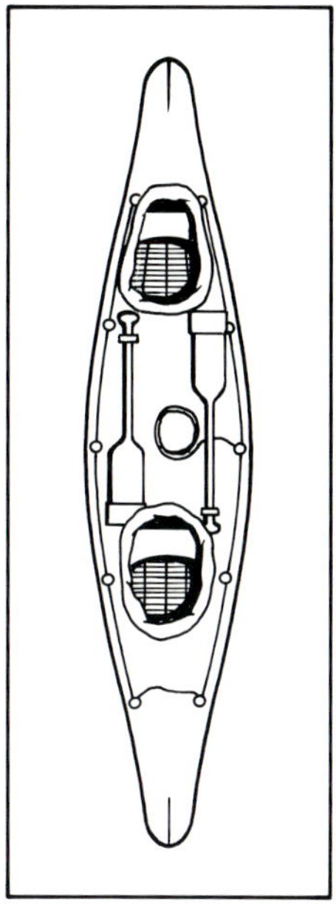

Schlauch-canadier

Drücken

Das Boot wird durch diese Technik seitlich versetzt und gedreht. Wenn Sie z.B. ganz nahe an eine Wand gedrückt werden, können Sie durch diesen Schlag eine Positionsänderung bewirken.

Steuerschlag

Mit dem Canadier können Sie natürlich auch alleine fahren. Der Grundschlag wird wie beschrieben ausgeführt. Aber in der letzten Phase des Schlages drehen Sie das Blatt nach innen und benützen somit das Paddelblatt als Steuer. Dadurch korrigieren Sie die Fahrtrichtung des Bootes.

13.3.1 Tips

Befahren Sie am Anfang ruhiges Wasser und nehmen Sie sich Zeit, Ihr Boot mit allen Vor- und Nachteilen kennenzulernen. Denken Sie an die veränderte Reaktion dieses Wasserfahrzeugs durch Zuladung. Testen Sie es noch im heimatlichen Gewässer.

Vorder- und Hintermann – ein harmonisches Team?

Noch vor der großen Fahrt sollen mögliche Konfliktsituationen in Erwägung gezogen werden (was oft nur theoretisch möglich ist, weil man nicht weiß, was wirklich kommen kann). Jeder reagiert in Extremsituationen anders. Das Aussteigen aus dem Boot wird schwer, wenn man die Schnauze voll hat!

Immer mehr Menschen nutzen das Fahrrad als Fortbewegungsmittel oder auch als Sportgerät in ihrer Freizeit. Die Industrie kommt diesem Bedürfnis nach und entwickelt immer bessere Bikes. Das Geländefahrrad oder Mountainbike hat einen wahren Boom erlebt, aber auch für viel böses Blut gesorgt. Wanderwege, Alpenvereinspfade, Skipisten, ja selbst bis dahin nur Bergsteigern vorbehaltene Gipfel waren vor den verwegenen Mountainbikern nicht mehr sicher. In absurder Neuheitsspinnerei wurden Gipfel »erstmals« mit Fahrrad bezwungen, nicht radelnd im Sattel, sondern wie die meisten vor ihnen auch, zu Fuß, nur mit dem Unterschied eben, daß sie ein Mountainbike auf den Schultern trugen. Wenn das auch nur wenige sind, die das Fahrrad auf diese Weise zweckentfremden, so hat das doch in der Öffentlichkeit für viel Kritik gesorgt. Das Ergebnis sind Beschränkungen und Verbote.

Naturlandschaften, in denen Pisten oder spärlich befahrene Straßen existieren, eignen sich am besten für Radtrekkings.

Das ist schade, denn das Radfahren ist grundsätzlich eine sehr gesunde und umweltverträgliche Art der Fortbewegung. Im Trekkingbereich ist das Fahrrad vor allem dort sinnvoll einsetzbar, wenn man in Naturlandschaften unterwegs ist, wo es auch Pisten gibt, und noch dazu größere Strecken zurücklegen will. Solche Gebiete finden sich in allen Erdteilen. Als Beispiel für ein Radtrekking habe ich die Reportage über eine Tour durch Tibet an das Ende dieses Kapitels gestellt.

Es gilt beim Radtrekking zu entscheiden, ob man wirklich autark und auf sich allein gestellt mit dem Fahrrad unterwegs sein will, oder ein Begleitfahrzeug dabei hat, das die Ausrüstung befördert. Im ersten Fall muß man ein beträchtliches Gewicht auf dem Fahrrad mitschleppen, das, in mehrere Taschen verpackt, dem ganzen Gefährt ein kurioses Aussehen verleiht und die Tour zur Tortur werden läßt, wenn man beispielsweise mit 20 Kilogramm und mehr Gewicht einen 5000 Meter hohen Paß zu bewältigen hat. Der Vorteil aber ist, daß man wirklich unabhängig unterwegs ist.

Nutzt man ein Begleitfahrzeug für die Beförderung der lebensnotwendigen Ausrüstung und Verpflegung, kann man das Radeln besser genießen und auch die Landschaft, durch die man sich bewegt. Hier muß jeder selbst entscheiden, und letztendlich kommt es auch darauf an, in welches Land und durch welche Landschaft das Trekking führt.

Unabhängigkeit und Flexibilität sind die Motive, warum sich das Radtrekking zu einer der individuellsten Reisemöglichkeiten entwickelt hat.

14.1 Die Einsatzmöglichkeiten des Fahrrades

Radtrekking ohne fremde Organisation, ohne Begleitfahrzeug, mit Kocher und Zelt ist ein unvergleichliches Erlebnis. Vorsicht – haben Sie diese Art des Reisens, ein Land hoch zu »Drahtesel« kennenzulernen, einmal gemacht, so werden Sie dabei bleiben. Freiheit, Flexibilität, Unabhängigkeit, Kreativität, Natur pur, mit Land und Leuten auf Tuchfühlung – keine leeren Schlagworte.
Die Erfahrung, mit wie wenig Gepäck man auskommen kann, ist unbezahlbar. Nur treten muß man, sich anstrengen, sich überwinden. Regenschauer und Sonne spürt man direkt auf der Haut. Auch hat man Zeit, die Seele baumeln zu lassen.
Distanz: Teilen Sie Ihre Km-Distanz auf Grund des zu erwartenden Straßenzustandes und Ihrer Kondition ein. Denken Sie auch an unvorhersehbare Zwischenfälle. Kürzere Tagesetappen erhöhen die Flexibilität.
Der Weg ist das Ziel: Gerade kleinere, nicht gekennzeichnete Nebenstraßen bieten Außergewöhnliches und Reizvolles.
Sehenswürdigkeiten kann man oft auf unkonventionellen Wegen ansteuern, man muß nicht in die Auspuffröhre der Touristenbusse gucken. Sie sehen und erleben ohnedies viel mehr als der herkömmliche Tourist. Romantische Dörfer, wilde Landschaften, Fauna und Flora laden zum Verweilen ein.
Übernachtung: Ein festes Dach über dem Kopf erspart jede Menge Gepäck, engt jedoch die Flexibilität und Unabhängigkeit sehr ein. Die größte Freiheit genießt man im Zelt. Wenn auch kein Camping-Platz in der Nähe ist, so findet man auch so ein Plätzchen (unbedingt den Grundeigentümer fragen). Den Platz ohne Müll und Fäkalien zu verlassen ist eine Selbstverständlichkeit!

14.2 Ausrüstung

Zur üblichen Trekkingausrüstung, die sich nach den klimatischen Bedingungen und dem Landschaftstypus des Zieles orientiert, kommen noch Fahrrad und entsprechendes Zubehör. Für diese Form des Unterwegsseins wurde ein eigenes Rad entwickelt, eine Art Kreuzung zwischen Straßenrad und Mountainbike: das Trekkingrad.

14.2.1 Das Trekkingrad

Es soll viel Gepäck aufnehmen können, robust sein, geländetauglich und gute Rolleigenschaften auf der Straße haben. Stabiler Rahmen, 21 Gänge, 28 Zoll-Räder, dünne Profilreifen, gerader Lenker, Lichtanlage, Flaschenhalter usw. sind Komponenten des Trekkingrades.

14.2.2 Nützliches Zubehör

Das Gepäck sollte nach dem Motto »soviel wie nötig, sowenig wie möglich« zusammengestellt werden. (Checkliste aus Heckmair, »Mountainbiking heute«, Bruckmann Verlag).

Werkzeug:
- Inbusschlüssel (mindestens 5er und 6er)
- Gabelschlüssel (je nach Bike, evtl. 14/15er für Achsmuttern)
- Kleiner Schraubendreher
- Flickzeug
- 3 Reifenheber (Kunststoff)
- Kriechöl

Sonstige Ausrüstung:
- Ersatzschlauch
- Luftpumpe
- Helm
- Schloß
- Notfallapotheke
- Geld und Ausweis(e)
- Landkarte(n)
- Trinkflaschen
- Getränk und Verpflegung
- Leichter Anorak
- Papiertaschentücher
- Sonnencreme
- Taschenmesser

Zusätzlich für das Hochgebirge:
- Faserpelzjacke oder Pullover
- Wollmütze
- Warme Handschuhe
- Rettungsdecke oder evtl. Biwaksack
- Signalpfeife

Zusätzlich für mehrtägige Touren:
- Kulturbeutel und Handtuch
- Ersatzwäsche
- Schecks oder Postsparbuch
- Bei Camping: Zelt, Isomatte, Schlafsack, Kocher und Geschirr

Zusätzlich für MTB-Reisen:
- Nötige Reisepapiere (Visa, Traveller-Schecks)
- Klimaangepaßte Kleidung und Ausrüstung

Zusätzliches Werkzeug:
- Zange mit Seitenschneider
- Zahnkranzabnehmer
- Speichenschlüssel
- Kettennietendrücker

Ersatzteile:
- 2 Speichen
- 1 Faltmantel
- 1 langer Bremszug
- 1 langer Schaltzug
- einige Kettenglieder
- Ersatzteile, die im Reiseland schlecht verfügbar sind.

Bei der Unterbringung der Sachen am Bike sollte man auf eine gute Gewichtsverteilung achten: ⅓ vorn und ⅔ hinten hat sich am besten bewährt.

Die wichtigsten Anforderungen an **Packtaschen:**
- stabil
- wasserdicht
- benutzerfreundlich

Die optimale Packtaschen-Kombination stellen Hinterrad-Packtaschen mit einer Lenkertasche dar. Vorderradtaschen können, wenn Sie sehr viel Gepäck haben, das Fahrverhalten deutlich verschlechtern.
Schlafsack, Iso-Matte und Zelt können, in einen wasserdichten Sack verpackt, auf dem Gepäckträger festgezurrt werden. Der harte Einsatz verlangt hochwertige Materialien für Gewebe, Nähte, Rückwand, Verschlüsse und Befestigungsteile. Viele Bändchen und Schnallen können Schwachstellen sein und ein wesentlicher Faktor der Wasserdurchlässigkeit.

*So sieht ein voll bepacktes **Trekkingrad** mit Vorderrad- und Hinterradtaschen aus. Beim Packen des Rades soll sich der Schwerpunkt der Lasten möglichst nahe an den Achsen befinden. Das erhöht die Stabilität und damit die Fahrsicherheit.*

14.3 Radtrekking in Tibet – Eine Reportage

Es ist Ende April, als wir in *Xining,* der Verwaltungshauptstadt der Provinz *Quinhai,* ankommen. Früher hieß dieser Teil Tibets *Amdo,* aber nach der gewaltsamen Annexion Tibets durch die Chinesen im Jahre 1950 wurde dieser Teil des tibetischen Kultur- und Lebensraumes vom Kernland abgetrennt und zur chinesischen Provinz *Qinghai* erklärt. Die Stadt Xining bzw. das nahegelegene Kloster *Kumbum* lag früher am Kreuzungspunkt wichtiger Karawanenwege, die von hier aus in die Mongolei, nach China und natürlich nach Lhasa hinaufführten.
Der kürzeste, aber auch gefährlichste aller Wege, die Kumbum mit Lhasa verbanden, war jener, der durch das Gebiet der Golok – die gefürchteten Räuber-Nomaden – verlief. Dieser Weg ist es, der mich schon lange interessierte. Er hat längst seinen Schrecken verloren, und aus dem einstigen Karawanenpfad ist zum Teil eine geteerte Straße geworden, aber es ist dennoch einer der interessantesten Wege, die man in Tibet beschreiten kann. Denn er öffnet Tore zu einigen der großartigsten Landschaften Tibets, zum heiligen Berg der Golok, dem *Amnye Machen,* zum Quellgebiet des *Gelben Flusses (Machu)...*
Außerdem eignet sich dieser Weg für die Art der Fortbewegung, zu der wir uns entschlossen hatten, nämlich für das Fahrrad. Damit erhofften wir uns mehr Bewegungsfreiheit und ein menschliches Maß, ein Tempo, das die Landschaft erfahrbar macht. Wir verfügten aber über keinen Freibrief, kreuz und quer durchs Land radeln zu können, sondern mußten uns im wesentlichen an eine vorher festgelegte Route halten und chinesische Begleiter akzeptieren. Obwohl diese Begleiter alles taten, um uns von Besuchen nicht vorzeigbarer Klöster, Schulen und Krankenhäuser abzuhalten, haben wir doch immer alles erreicht, spätestens dann, wenn sich der berühmte Zufall mit bürokratischer Dummheit paarte.
Der Winter hält das Land noch fest in seinem Griff, es schneit und stürmt, als wir von *Xining* losradeln. Von hier aus steigen wir gewissermaßen Treppe für Treppe, Paß für Paß auf das tibetische Hochland hinauf. Zunächst fahren wir noch durch Agrarland mit kleinen Bauerndörfern. Das Schneetreiben hört auf, die Sonne bricht sich durch die Wolken Bahn und wirft Spotlichter auf gerundete grüne Hügel.
Jede Dorfdurchfahrt gerät zum Spießrutenlauf. Unsere aus Europa mitgebrachten Bikes sind eine Attraktion. Bei Fahrrädern kennt man sich hier aus. Jedes Detail wird genauestens begutachtet. Am meisten erstaunt das geringe Gewicht. Die Bewunderung für unsere Drahtesel währt aber nur so lange, bis sie den Preis erfahren. Danach halten sie uns eher für Verrückte, soviel Geld bloß für ein Fahrrad auszugeben. Wenn sie erst wüßten, was wir bezahlt haben, um überhaupt durch ihr Land radeln zu dürfen – ich glaube sie würden gänzlich an unserem Verstand zweifeln.

Über den Sonne-Mond-Paß

In vielen Windungen zieht sich die Straße den ersten hohen *Paß* hinauf. Das landwirtschaftlich nutzbare Gebiet hört auf und damit auch die Bauerndörfer. Unendlich langsam, Meter für Meter, den niedrigsten Gang eingeschaltet, gewinnen wir an Höhe. Die dünne Höhenluft macht uns zu schaffen, zwingt uns zu zeitlupenhaften Bewegungen. Noch eine letzte Kuppe, dann ist die Paßhöhe erreicht. Wir stehen auf dem über 3000 Meter hohen *Sonne-Mond-Paß,* der alten Grenze zwischen Tibet und China. Aus einem aufgeschichteten Steinhaufen recken sich Hunderte bunter Gebetsfahnen in den Himmel. Sie signalisieren, daß man nun ein anderes Land, ja eine andere Welt betritt, in der die Menschen seit Generationen ihre Energien zur Entwicklung spiritueller Kräfte und zur Vermehrung religiöser Verdienste einsetzen. Auch die Berge ringsum sind plötzlich lebendig geworden: überall auf den Gipfeln und Graten flattern büschelweise Gebetsfahnen im Wind. Alles kündet von der Allgegenwart unsichtbarer Wesen, ist Ausdruck eines kosmischen Bewußtseins, der Verbundenheit mit allem, was ist.
Die herbe Schönheit Tibets heißt uns bereits an seiner Schwelle willkommen. Ein eisiger Wind fährt uns entgegen, schwarzgraue Wolkenmassen schieben sich von Süden heran. Wir starren fasziniert auf das schmale Band der Straße, die sich darin verliert. Minuten später sind wir selbst mittendrin, eingetaucht in ein Inferno von Nebel, Wind und Schnee. Als wir wieder ausgespuckt werden, liegt *Daotanghe* vor uns, ein schäbiges Nest aus traurigen Baracken, die sich um eine Straßenkreuzung scharen. Dazwischen laufen ein paar buntgekleidete Gestalten umher – Tibeterinnen, die mit ihren knöchellangen Mänteln und Hüten wie Prinzessinnen aussehen.
Ein kleiner Abstecher führt uns zum *Tso Ngombo,* dem Blauen See. Von Norden branden Sanddünen wie Wogen daher, im Süden umgürten grüne Wiesen und Weiden seine Ufer – die fettesten in ganz Amdo. Entsprechend dicht besiedelt ist die Umgebung des Sees. Die Tibeter leben hier als Nomaden in Zelten aus Yakhaar, die wie riesige Spinnen aussehen, die am Boden hocken. Die Frauen und Mädchen haben das Haar zu feinen Zöpfen geflochten, die wie ein filigraner Vorhang herabfallen, und an das Ende der Haartracht knüpft man einen ganzen Juwelierladen – ein breites Band mit Dutzenden von Türkisen und geschliffenen Korallen.

Durch den Tala westwärts

Wir verlassen nun die Ebenen des Tso Ngombo, überqueren mit den Fahrrädern das *Süd-Kuku-Nor-Gebirge* auf einem 3500 Meter hohen Paß und kommen dahinter in das Talbecken von *Gungga.* Das ist eine wildzerklüftete Erosionslandschaft. Von Wind und Wasser zerfressene Hochebenen, die eher an eine Mondlandschaft erinnern. Daran schließt sich der *Tala,* eine menschenleere Wüstenei von 80 Kilometer Länge, der Schrecken einstiger Karawanen. Der Name entstammt der mongolischen Sprache und bedeutet einfach »Große Steppe«. Ein uralter Karawanenpfad durchschneidet den Tala, ein Weg, dem auch der Münchner Tibetforscher Wilhelm Filchner zu Beginn des Jahrhunderts gefolgt war. Heute hat auch diese wasserlose Gegend ihren Schrecken verloren, und wir radeln in einer einzigen Tagesetappe durch den Tala. Das Zusammenspiel von Wind und Sand hat hier Dünen von beträchtlicher Höhe entstehen lassen. Sie sind von der typischen Barchanform, halbmondförmig, nach Westen zu flach abfallend.

Nach Stunden taucht aus dem Dunstschleier der Wüste das *Semenow-Gebirge* (chin. *Heka Shan*) auf und kündigt das Ende der »Großen Steppe« an. Die firngekrönten Gipfel baden im Licht der untergehenden Sonne. Am nächsten Tag erfolgt der Aufstieg zum 3900 Meter hohen Paß. Der alte Karawanenweg führt in direkter Linie hinauf, während sich die Straße in kilometerlangen Schleifen hinaufwindet. Das Massiv steckt noch fest in seinem Winterkleid. Ab 3600 Meter liegt so tief Schnee, daß mit den Fahrrädern kein Weiterkommen mehr möglich ist. Zahlreiche

Die erste Frau, die ein »Trekking« im Himalaya unternommen hat.
Die Belgierin Alexandra David-Neel im Jahre 1912 auf dem Weg nach Tibet.

Fahrzeuge sind hängengeblieben und müssen ebenfalls mit Muskelkraft vorangebracht werden. Ein eisiger Wind, ein Büschel zerfetzter Gebetsfahnen und ein beherrschender Ausblick erwarten uns auf der *Paßhöhe.* Weit draußen im Südosten ist das tief eingekerbte Tal des *Machu* (Gelber Fluß) zu erkennen, nach Südwesten dagegen, so weit das Auge reicht, breiten sich riesige Hochflächen aus, die von firngekrönten Gebirge eingeschlossen werden. Das ist die *»Große Graswüste«,* wie die belgische Tibetforscherin Alexandra David-Neel diesen Landstrich nannte.

Im Lande der Golok

Wir sind nun mitten im Nomadenland. Die baumlosen Hochebenen und grasbewachsenen Hügelketten lassen keine andere Lebensform zu. Überall grasen hundertköpfige Yak- und Schafherden, dazwischen stehen die schwarzen Zelte der Golok.

Hier schlagen wir unser Lager auf. Bald tauchen ein paar buntgekleidete, malerische Gestalten auf und dunkle, wettergegerbte Gesichter schieben sich durch den Zelteingang. Oft wird behauptet, daß die Umwelt den Menschen präge, daß eine karge und lebensfeindliche Umgebung das Herz der Menschen versteinere und melancholisch stimme. Diese tibetischen Nomaden könnten als Beispiel dafür angeführt werden, daß genau das Gegenteil wahr ist. Ich bin noch nie so offenen, so herzlichen Menschen begegnet. Wenn diese Menschen lachen, dann ist das ein Lachen, als würde es von allen Zellen miterspürt.

Tag um Tag bewegen wir uns durch Nomadenland, und unsere Art des Reisens eröffnet viele Möglichkeiten für spontane Begegnungen.

Kerzengerade durchschneidet die staubige Piste das gelb-grüne *Hochland,* über uns ein Himmel stählern blau, mit plastischen Wolkengebilden, die so tief segeln, daß man meint, sie berühren zu können. Beiderseits der Straße stehen riesige Yak- und Schafherden. Die Hirtenjungen liegen faul im Gras und winken uns zu, wenn wir an ihnen vorbeiradeln. Bisweilen stehen die schwarzen Nomadenzelte direkt an der Straße. Das sorgt für Spannung. Denn da läßt es sich kaum vermeiden, daß man mit kontaktfreudigen Wachhunden nähere Bekanntschaft macht. Meistens liegen einer oder gar mehrere dieser pechschwarzen Ungeheuer mitten auf dem Weg. Dann heißt es sofort vom Fahrrad springen und vorsichtig näher pirschen. Es zeigt sich sehr bald, ob der Hund die Straße in sein zu bewachendes Revier einbezieht. Wenn dies der Fall ist, bleibt einem nichts übrig, als ins Gelände auszuweichen und die blockierte Stelle in

Oben: Begegnung mit einem Mönch auf dem Weg zum heiligen Berg Amnye Machen.

Unten: Radtrekking in Tibet. Nach Überquerung des Semenow-Gebirges schlagen wir unser Lager am Dahoba auf.

Sparkasse

einem weiten Bogen zu umgehen. Man macht sich keine Vorstellung, wie konsequent diese Hirtenhunde den Zeltplatz bewachen. Wie ihre Herren, die *Golok,* kennen sie keine Angst und springen sogar vorbeifahrende Fahrzeuge an.

Zum heiligen Berg Amnye Machen

Stunde für Stunde bewegen wir uns durch die unermeßliche Weite der Bergwelt *Amdos.* Wir nähern uns allmählich dem Hauptheiligtum der Golok, dem Berg *Amnye Machen,* der bis vor 1950 einer der unzugänglichsten Plätze Tibets war. Aber es scheint, als würde der Hüter des Heiligtums, der Berggott Machen Pomra, uns nicht empfangen wollen, im Gegenteil, er zeigt uns die eisigkalte Schulter. Denn mit jedem Kilometer, den wir in Richtung des heiligen Berges zurücklegen, geraten wir immer tiefer in winterliche Bedingungen hinein. Auf den nächsten beiden Pässen liegt soviel Schnee, daß wir mit den Fahrrädern buchstäblich steckenbleiben. Wir hatten geglaubt, daß während der kalten Wintermonate Januar/Februar am meisten Schnee fällt und müssen nun erkennen, daß dies im April der Fall ist.
Erst nach Überquerung der beiden Pässe umgibt uns wieder das vertraute Landschaftsbild: Grasebenen und rollende Hügelketten breiten sich nach allen Richtungen hin aus, dazwischen eingebettet liegt ein riesiger türkisfarbener See, der *Merduch Tso* oder *Kara Mor,* wie er auf mongolisch heißt. Seltsam leer und verlassen ruht der See samt seiner Umgebung da. Die Uferzonen sind sumpfig und deshalb für die Nomaden unbewohnbar. Tiefhängende, schwarzgraue Wolkenbänke rollen von Südwesten heran und erzeugen eine gespenstische Stimmung. Bald fällt der Schnee in dicken Flocken vom Himmel, und die ganze Landschaft verschwindet wieder unter einer Schneedecke. Alles um uns ist weiß; der Weg, der mehr erahnt als gesehen werden kann, die Ebene, die Berge und der Himmel. Hin und wieder sieht man schwarze Punkte zuhauf, das sind Yaks. Sie stehen da wie zu Stein erstarrt, mit gesenkten Köpfen und gegen die Windrichtung. Dazwischen gibt es größere schwarze Flecken, Nomadenzelte, aus denen blaßgrauer Rauch aufsteigt.
Irgendwann einmal verlassen wir den Hauptweg und biegen nach Süden ab, folgen einer Piste allerletzter Ordnung, die nur mit Mühe zu erkennen ist. So plötzlich wie der Schneesturm gekommen ist, hört er wieder auf. Wir beobachten eine Herde wilder Antilopen, die sogar eine Zeitlang neben uns herlaufen und schließlich hinter einem Bergrücken verschwinden. Ein letztes Hindernis bildet die Überquerung des reißenden *Tawu-Flusses,* denn unmittelbar danach treffen wir in *Tawu Dölma* ein.
Der Ort ist ein fossiles Überbleibsel aus der Mao-Ära. Er besteht aus einer Ansammlung einfacher Baracken, die im Morast zu versinken drohen, und hat die Funktion, die Nomaden der Umgebung zu verwalten – insbesondere die freiheitsliebenden Golok. Und wie haben sie sich in dieser tristen Umgebung verändert. Die Menschen wirken eingeschüch-

Der tibetische Mönch posiert zwar für ein Erinnerungsfoto mit dem Fahrrad, aber sein Interesse gilt ausschließlich dem Rad der Lehre.

tert, sie haben Angst, der ganze Lebenselan scheint geschwunden. Zum Glück löst sich der Alptraum Tawu Dölma schnell auf, wenn man nur einen Kilometer in Richtung Süden zurücklegt. Da erhebt sich ein leuchtend weißer Eisdom, der die umstehenden Berge bei weitem überragt und sie wie arme Verwandte aussehen läßt. Das ist der *Amnye Machen,* der Sitz des Geisterkönigs Machen Pomra, des mythischen Ahnherrn der Golok. An einem riesigen *Lhatse,* einer Steinpyramide mit Hunderten bunter Gebetsfahnen, beginnt ein Pfad, der das Bergmassiv wie ein Ring umschließt. Das ist ein Pilgerweg, ein Pfad des Glaubens, den man weder mit Mountainbikes noch mit irgendwelchen anderen Hilfsmitteln zurücklegt, sondern nur zu Fuß.

Ein Trekkingerlebnis muß nicht nur immer in den großen Naturlandschaften anderer Kontinente gesucht werden, es läßt sich auch in der näheren Umgebung realisieren. Notwendig dafür ist vor allem Phantasie und der Wille, sich ein eigenes Ziel zu suchen und eine entsprechende Route zu planen.
Ich habe mir dazu die Steiermark auserkoren und eine Route gewählt, die das Lineal vorgab. Zielpunkt sollte der Gipfel des höchsten Berges der Steiermark sein – der vergletscherte Dachstein. Als Ausgangspunkt ergab sich Mureck, ein Ort an der Grenze zu Jugoslawien. Dazwischen aber spannte sich eine kerzengerade Linie auf, eine Direttissima, die unseren Weg bestimmte. Von dieser Route wollten wir so wenig wie möglich, aber höchstens 500 Meter abweichen. Zwei große Flüsse – Mur und Enns – mußten durchquert und der Hauptkamm der Tauern im Bereich der Schoberspitze traversiert werden. Davor und danach mußten wir hohe Bergkämme und tiefeingeschnittene Täler nehmen und zuletzt zum Dach der Steiermark, dem knapp 3000 Meter hohen Gipfel des Dachsteins, aufsteigen.
Mein Partner bei diesem Unternehmen war Hanswerner Lepiz. Er hat das Trekkingabenteuer »Direttissima Steiermark« im Tagebuchstil niedergeschrieben.

Direttissima Steiermark

Von Hanswerner Lepiz

Aus dem Ahornpropeller reckt sich der kleine, stolze Keim im tiefen Frühjahrsfirn. Ein beeindruckendes Erlebnis, stärker als alles menschliche Machwerk toskanischer Renaissance, die wir vordem durchstreiften.
Wir sind am Ötscher, um seine steilste Rinne zu ergründen, und mir spulen sich beim Aufstieg die Bilder unserer Steiermarkgeraden vor eineinhalb Jahren wie ein Film ab. Bis dahin leidenschaftlicher Niederösterreicher, in unsere Bergwelt ehrfurchtsvoll verliebt, aber auch nepalesisches Adoptiv-Glückskind, das den Himalaya wie als Elternteil unserer stolzen Heimatberge verehrt. Mein Entwicklungsweg war der verkehrte, aber für mich durchaus kerbend richtig und nachhaltig bewußtseinserweckend. Unsere guten Fußballer blühen auch im Ausland erst so richtig auf, warum sollte es einem Bergsteiger anders gehen?

Herrliche Stimmungen, verschwiegene Ecken und vielfältige Landschaften begegnen uns bei der Durchquerung der Steiermark.

In Erzherzog Johannsche Sphären lockte mich zuerst einmal die Neugierde, denn vom Kletterhimmel leuchteten uns keine Sterne, auch nicht die kleinsten, als wir zum erstenmal einen Strich auf die drei aneinandergeklebten 200000er Karten *Graz, Klagenfurt* und *Spittal an der Drau* zelebrierten. Nebst neun besorgten Detailkarten ein netter Ballast. Eine erzherzögliche Idee meines steirischen Gefährten und Weltabenteurers Bruno Baumann, der damit eine der letzten Möglichkeiten österreichischer Geradlinigkeit ausschöpfte, als erster auf einer Kompaßgeraden seine Heimat behenden Fußes zu durchmessen. Und so behende – das muß man ihm lassen – kenne ich keinen, der sich in Kurzhosen und Dünnleibchen derartig durch die ausgetrockneten Spießrutenjungwälder Marke »Masofichtdicht« geworfen hat, mit einem entspannten Gesichtsausdruck, als würde er in Thermalwasser baden. Ich habe mich vor solchen Okkasionen immer nach »Pedocross-Manier« abgedichtet und das bei 35° im Schatten. Selig die Skistöcke, die uns vor etlichen Gesichtsoperationen und vielleicht so mancher Fast-Enthauptung bewahrten; oder sollte man es ob der Unsinnigkeit solcher Weglosführung als Fehlentwicklung des Schicksals betrachten?
Es ist nicht jedermanns Sache, an einem Strich entlang zu gehen, und so sollte es auch bleiben, denn so »einmalig« diese Extremwanderung auch war, kann und soll sie doch nur *verkurvt* zur Nachahmung empfohlen werden. Es *muß* der Kreativität des Trekkingbegeisterten überlassen bleiben, seine Bahnen gefühlvoll und naturschonend in die Landschaft zu ziehen, herz- und sinnesoffen. Es ist ebenso leicht wie zwiespältig, unter vorheriger Ankündigung, vom Bogen der Medien wie ein Pfeil schnurgerade durch die »grüne Luft« zu schnellen.
Und all der Begeisterung, des Patriotismus, des Anfeuerns und der Herzenswärme, die uns entgegenströmte, kann man sich nur schwer entziehen. Was wirklich bleibt, ist die Erinnerung an die spontane Herzlichkeit und das Einswerden mit der Mutter Natur bei Tag und Nacht. Manchmal tagsüber im Höhensturm mit Regenstichen wie Trennscheibenfunken, durchnäßt und total unterkühlt, und nachts trocken und geborgen warm im wohligen Schlafsack unter diamantübersäter schwarzer Unendlichkeit. Für den Bruchteil einer Sekunde glaube ich, mit dem Gefühl meiner Dankbarkeit sogar diesen Raum füllen zu können. Tiefer und verdienter Schlaf umhüllt uns brüderlich. Nach täglichem zehn- bis zwölfstündigem Auf- und Abwärtsbewegen des 75-Kilo-Produkts meiner Erzeuger, kommt mir, nach einigen tausend Höhenmetern und rund 185 km Luftlinie (das sind schätzungsweise 1/5 bis 1/4 mehr tatsächliche Kilometer), die Ersttagesstrecke wie ein Spaziergang vor.

Erster Tag: Durch das südsteirische Weinland

10. August, 8.15 Uhr Start in *Mureck* am Hauptplatz. Presse und TV-Bildjäger sind da. Ich habe weiche Knie, weil ich bis 23 Uhr gearbeitet und erst gegen 3 Uhr früh in *Leibnitz* ausgestiegen bin. Die Kukuruzfelder wären ohne Kompaß und Karte ein Irrgarten und wir peilen vom Friedhof

aus das erste Mal exakt ein. Den schwülen, endlosen Maisdschungel vor Augen reiße ich mir bis auf sittlich vertretbare Restmengen alles Textil vom Leib. Die grüne Hölle ist uns sicher wie die stehende Hochofenluft bis *Gabersdorf.* Am Murufer bringen mir die drei Minuten des Bootaufpumpens Blasen an den Händen und streifen die Grenze des Kreislauferträglichen. Jetzt kühlen wenigstens während der Flußüberquerung die rauchenden Fußsohlen. In wenigen Minuten verlassen wir den schwankenden Luftzwinger aus Gummi und weiter geht's im Trab zum labenden Zwischenstopp bei Leibnitz. Wir geben uns, von der Hitze ausgelaugt, dem Schlafdefizit geschlagen. In toller Zeit hierher gelangt, verschlunzen wir unser Guthaben und gehen spätnachmittags bis nahe *St. Nikolai im Sausal*, im Hinterland der steirischen Toskana.

Zweiter Tag: Der 3B-Tag

Der zweite Tag wurde zum »3B-Tag«. Schmerzende Füße, Muskelbrennen im Schritt, der »Quadri« glüht und auf allem *Bremsen*, die gierig beißen. *Brennesseln*, die peitschenden Geißeln, die uns, wie schon den Johann, durch die ganze Grünmark Spießruten laufen lassen. Und das dritte »B« war das uns schwächendste, nämlich die Buschenschanken vor *Stainz* und der unglaubliche Empfang im Mekka des Schilchers. Von allen Honoratioren herumgereicht, dauerte es nur 15 Minuten bis... und so müssen wir vom Schauplatz des größten Schilcherfestes, so dynamisch wir können, flüchten. Noch so eine Zeitpanne hätten wir nicht durchgestanden. Wir brauchen bis zur Erzherzog-Johann-Quelle, um uns vom Alkoholschock zu erholen. Es ist wahnsinnig heiß, und im *Mauseggergraben* lassen endlich die Bremsen von unseren wohlriechenden Körpern ab. Ein Hubschrauberpilot aus Feldkirchen sorgt noch liebenswürdig für den Gute-Nacht-Trunk vor seiner Hütte. Sehr zufrieden rollen wir uns beim ersten Schwarz der Nacht in einer Wegkreuzung nach steilem Aufstieg ins Moos.

Dritter Tag: Eine Bilderbuchfamilie

Beim frühsportlichen Anstieg nach *Pers* fallen wir zweien der ursuper, obertollsten Bauernburschen (die Rede ist von den Wassermann-Bauern) in die Hände, die sofort den Melksport gegen Jausenweltmeisterschaftsvorbereitungen tauschen und uns derartig liebevoll stopfen, daß wir nur schweren Bauches die wunderschöne Rotte über eine tautriefende Wiese steil querend verlassen können. Das war der Punkt, an dem meine herrlich bequemen Rauhlederschuhe von neuem Gore-Tex-Schuhwerk vorläufig gedanklich verdrängt wurden.
Nach dem Aiblwirt stoßen wir auf Brunos Eltern und Schwester, die uns aufmöbeln und die grauenvollen Socken entsorgen. Den *Packer Stausee* streifend treffe ich während der wenigen Augenblicke des Straßenüberquerens einen autoreisenden Freund aus Wien. Gibt es das? Die *Pack* südlich liegen lassend geht es in Richtung *Seinerkreuz.* Vor dem *Speikkogel* müssen wir einen kleinen Bogen zur zuckersüßen *Saureis-*

hütte mit »Pferdetheater« (Vita ist die Hauptdarstuterin) machen, denn unsere Vorräte haben sich verflüchtigt. Die Bergeinsamkeit tut gut. Von den *Weissensteiner* Hüttenwirtinnen gelabt, halten wir bis zum *»Schober Egger Bauern«* durch, wo das bloße Schistockhinstellen unsere Identität aufblättert. Herrlicher Kuchen, selbstgemachter Saft und eine Bilderbuchfamilie mit den schönsten Kindern (eins im Bauch), die absolute Waldmüller-Modelle geworden wären.

Vierter Tag: Der blaue Herrgott

St. Georgen im Obdachegg wartet mit einem Gemeindestierintermezzo auf, und weiter durch *Kathal* zum *blauen Herrgott.* Eine schräge Riesenwiese – nur unterm Kruzifix ist ein kleines Stück eben. Es ist schön, zu Seinen Füßen zu schlafen.

Fünfter Tag: Hitzeschlacht am Kapitzberg

Mit *einem* cm Tau in den Schlafsackmulden beginnt der Tag, und als die Sonne aufgeht, haben wir den Milchstand bei einer netten Bäuerin gratis auf Ohrläppchenhöhe gebracht. O du großer blauer Herrgott! Den Aufstieg zum *Kapitzberg* werde ich nie vergessen. Es war eine Hitzeschlacht ohnegleichen. Steil, direkt, südseitig, offen. Einer Bäuerin trinken wir den Hollersaft wie Flaschen von einer Füllmaschine aus der Hand. Sie zeigt uns den Weg zum *Schafkogel* direkt. Wir peilen am *Weißeck* vorbei und landen nach Fichtenrutenspießlaufen in der *Kubly Huam Alm*, wo uns eine Geburtstagsfeier zum Jubelrahmen unserer Wanderetappe wird. Es sind gastliebende Menschen (Gott sei Dank rund um die Welt), die einem solch schöne Stunden unvergeßlich machen. Wir waren schon vorbei in später Dämmerung, als sie uns mit drängenden Zurufen zurückholten. Wir schlafen seit langer Zeit wieder im (Almhütten-)Bett und wie!!

Sechster Tag: Ein blauer Tag

15. 8. 90. Weitergereicht zur Mutter unserer lieben, jungen Gastgeber, lassen wir ein Frühstück der Sonderklasse über uns ergehen. Es ist kalt geworden und in der nächsten Stunde durchschwimmen wir zum Gaudium unserer Kurzfreunde und des herbeigeeilten Bürgermeisters die 14grädige Mur oberhalb von *Unzmarkt* bei *Wallersbach.* Brunos Schlafluftmatratze trägt unsere Rucksäcke – zur Hälfte. Mit Rum, etwas Tee war dabei, wieder reanimiert, trenne ich mich endgültig vom Schwammeffekt meiner alten Schuhe. Her mit den Neuen – und sie halten bis heute, was sie damals versprachen. Durchs klatschnasse Morgengras gehen, ohne naß zu werden, konnten nicht einmal die Urbesitzer des Au-

Oben: Überquerung der Tauern während der Direttissima Steiermark.

Unten: Direttissima Steiermark. Flußüberquerung im Bereich der Wölzer Tauern.

ßenleders. Sie hatten auch kein Gore-Tex-Futter. Wir streifen an der linken *Wallersbachtalseite* entlang dem *Sattel* zu. Heidelbeerwälder nie gesehenen Ausmaßes. Wir sind schon wieder blau. Während einer der schönsten Strecken, den *Raggasbach* gerade querend, beginnt es zu regnen. Eine der urigsten Holzkapellen lädt stimulierend zu Besinnung und Dankbarkeit, und weiter geht's unaufhaltsam dem *Schöttelgraben* entgegen.

Die *Fatschgerwirtin*, vulga *Maria Prägant*, klopfen wir nach waghalsiger Querung des ersten »Reißbaches« bei völliger Finsternis heraus. Welch eine Wiedersehensfreude! Wir hatten zwei Wochen vorher in ihrem »Revier« trainiert und dabei 1600 Höhenmeter im Waldgebiet steil auf und ab über drei Rücken hinter uns gebracht. Weglos, geradlinig. Nach einem Vogelbeerschnaps, Bier und Speck werden gegenseitig viele Geschichten ausgetauscht; wir fühlen uns Jahrzehnte zurückversetzt in den Balken dieses alten Gasthauses.

Siebter Tag: Havarie

Ich verabschiede mich mit feuchten Augen – sie ist wie eine Mutter zu uns, und eine der letzten, echten Almerinnen. Drüber geht's – die *Rossalm* hinter uns, ein Märchental hinein zur *Knollihütte, Amboss* und *Grüner See* unbeschreiblich – das muß man selbst gesehen haben. Diese Wollgraswiesen und mitten im See eine Wollinsel. Die erste technische Panne abgesehen vom Schuhwerktausch ist das Trockenlaufen von Brunos Knie (Gelenkschmiermangel). Es gibt kaum Übleres für einen Geher. Mir passierte das schon vor 20 Jahren in den Dolomiten – armer Bruno. Wir müssen daher runter zur *Hölzlhütte* in Straßennähe – wissen nicht, ob wir abbrechen müssen.

Achter Tag: Wettersturz

Der nächste Morgen birgt einige Überraschungen. Drei Hubschrauber fliegen ein, und ein Filmteam dreht uns, als wir wieder »On-Line« sind. Ich habe kein gutes Gefühl ob dieses Einsatzes. Ich stelle mir plötzlich alles in Frage. War es nicht die Art des Gehens, die uns so faszinierte? Eine Idealbewegung zu entdecken, ein Drittelding aus negerischer Hüftakrobatik, indianischem Fußaufsetzen und tibetischem Denken. Vorweggenommenes Entschuldigen bei – und absolute Vorrangstellung für alles Kleinleben in Fußnähe. Tibetische Lamas spucken auch – und das ist bitte ernst zu nehmen – auf ihre Schuhsohlen, um die Götter zu versöhnen und um Vergebung bei den gefährdeten Tieren am Weg zu bitten. Und jetzt diese furchtbaren, oft und oft auch segensreichen Flugmaschinen.

Hart an der *Schoberspitze* vorbei, den *Funklsee* im dichtestem Nebel nördlich passierend, sehen wir uns plötzlich mit einem furchtbaren Sturm konfrontiert. Wir können kaum die Schädel über die Schneide der *Seifriedsenke* heben, ohne das Gefühl des »Entkopfens« zu bekommen. Grauslicher Regen setzt ein, und bald gibt's auch Schnee (am nächsten

Morgen waren es 20 cm). Wenn man dann noch das *falsche* gelbe Regengewand aus dem Rucksack zerrt und eh fast nicht draufbekommt in dem Sausturm, dann sieht alles, spätestens beim hindernislosen Durchrinnen des eiskalten Nasses, sehr braun aus. Ja gelb ist halt nicht gelb, und wir müssen knapp vorm tatsächlichen Erfrieren (mir war noch nie so kalt im Leben) irgendwie runter vom *Unholding*, weg von ihm – er höhnt, und alles, alles ist so entsetzlich naß. *St. Nikolai im Sölktal* – wir sind gerettet.

Neunter Tag: Endspurt

Beim Abstieg ins *Strickerkar* passiert dann die dritte Panne. Ich steige unter 1 Meter hohem Farn in einen Tierhöhleneingang und, scharffelsenbesetzt wie er ist, reißt er mir ein schönes Stück Fleisch aus dem nackten Schienbein. Drei Tage später ist das Scherzel schwarz, muß entfernt und mühsam wieder aufgebaut werden! Ob dieses Schreckens vergehen wir uns tausend Schritte und sind plötzlich auf der *Karlspitze*, von wo man dankbar ein Stück markierten Weges bis Alm 1677 benützt.
Alles ist schön, nur nicht diese entsetzlichen Stacheldrahtzäune. Man glaubt sich zeitweise in einem Getto zu bewegen. Die höchsten waren über 2 Meter, von den überkletterten, Dutzenden niedrigen will ich gar nicht reden. Muß das wirklich sein, heute und jetzt? Und überhaupt?
Wir überqueren den *Kleinsölkbach*, die Gegenanstiege werden wieder niedriger – auch schön. Wir sind, wen wundert's, zu einer guten Form aufgelaufen. Auch im Überwinden von Hindernissen. Diese Zäune waren so abstoßend, daß ich kein einziges Foto beim Übersetzen gemacht habe. Eine Prachtalm queren wir nach der anderen. Ruhe, Stille, Zufriedenheit. Wir nähern uns unaufhaltsam dem *Ennstal*. Peilen, laufen, erklimmen, durchkämpfen, Unterholz, Gestrüpp. Ganze Brombeerschläge warten auf uns, 30° steil und mit Meterstufen. Wir wissen oft nicht, wie da rauskommen aus dieser dornigen Umklammerung – aber irgendwie über Baumstrünke, auch mit Räuberleiter, geht es immer wieder. Wir saufen wie die Kamele und schwitzen wie die Sumoringer im Dampfbad. Alles klebt und pickt und juckt verrückt. Wir tauchen verzweifelt auch in die kältesten Bäche ein. Gräser, Samen, Nadeln, Ästchen, alle schwimmen davon, als hätten sie uns nie gequält, ja nur berührt. Diese achttägige Pein hat bald ein Ende.
Das *Ennstal* – wir freuen uns schon so auf den *Dachstein*! Völlig überrascht werden wir unter lautem Hallo in einen ausgedehnten Frühschoppen eingeschleust, bei dem wir zu Schnitzel, Bier und Blasmusik geladen sind vom Bürgermeisterwirt mit Tochter, die uns den Abschied noch hinauszögern läßt. Ein Hoch diesen Steirern für die nächsten tausend Frühschoppen. Es war schon ein Anblick, als wir braungebrannt und dürftig bekleidet zwischen den feinen Trachten thronten, bestaunt wie wildes, exotisches »Geh-Tier«.
Rössing ist unsere Nachtbleibe, wo wir aus einer Zeitungsmeldung (Leserbrief) erfahren, daß unsere ursprünglich geplante Abschlußhöhe-

Die letzte Etappe der Steiermark-Durchquerung führte direkt zum Gipfel des Dachsteins.

punktsetzung in Form einer *Dachstein-Südwand-Durchkletterung* des Steinerweges, was Linienabweichung bedeutet hätte, nicht gefragt ist. Wir müssen, der öffentlichen Kritik nachgebend, unsere Linie direkt weiterführen, was uns am letzten Tag über das *Gutenberghaus* und die *Gruberscharte* fast gelingt. Im Laufschritt, wie schon vorhin auf die Hütte, ziehen wir durchs *Koppenkar* und erreichen über den *Schladminger Gletscher* den *Hohen Dachstein* auf dem Nord-Normalanstieg. Dreimal mußten wir den oberen Teil erklettern. Zweimal für die verspäteten Hubschrauber-Filmer, denen wir es erst beim dritten Mal recht machen konnten.
Die Freude war trotzdem groß. Wir hatten es geschafft – und noch dazu rasch. Gefühle kommen hoch und ersticken im Interviewgespräch mit dem ORF-Team, das aus den gelandeten Hubschraubern quillt. Viel Lärm um ruhiges Gehen.
Wir hören wieder den Schnee knirschen und dann nichts mehr von den Füßen – als wir in der Seilbahngondel zu Tal schweben. Ich schaue zur fantastischen Südwand hinüber und weiß, daß ich den Kritikern recht gebend und uns zur Freude die 800-Meter-Wand bald durchklettern werde. Gedacht – getan. Mit meiner Frau – noch schöner. Starke Erinnerung und noch stärkere Emotionen verbinden uns mit der neuen Liebe Steiermark und deren Bergwelt, die für uns gleichbedeutend mit den Weltbergen geworden ist. Schön zu erleben, wie der Keim aufgeht und wächst – überall.

Wie Sie in den vorhergehenden Kapiteln gesehen haben, ist die Ausrüstung stark vom gewählten Trekkingziel und der Art des Trekkings abhängig. Deshalb wurde die Ausrüstungsliste allgemein gehalten. Sie besitzt jedoch für alle Regionen der Erde Gültigkeit.

Checkliste für die Ausrüstung

- 1 Jacke (Allwetter- oder reine Regenbekleidung)
- Jacke oder Pullover aus Fleece
- Hose aus Fleece
- Hemden
- Kurze Hose
- Lange Trekkinghose
- Kniestrümpfe
- Socken
- Unterwäsche (aus feuchtigkeitsleitendem Material, z. B. Transtex)
- Mütze
- Sonnenhut
- Handschuhe oder Fäustlinge
- Langlauf-Handschuhe (um das Gehen mit Skistöcken zu erleichtern)
- Rucksack
- Halstuch
- Schlafsack
- Isoliermatte
- Taschen- oder Stirnlampe (mit Reservebatterien)
- Zelt
- Kocher
- Brennstoff (Gaskartuschen)
- Kochgeschirr
- Besteck
- Taschenmesser
- Nahrungsmittel
- Wasserentkeimungstabletten
- Streichhölzer
- Abfallsäcke
- Berg- oder Trekkingschuhe
- Sport- oder leichte Trekkingschuhe
- Sonnenbrille
- Sonnenschutzmittel
- Lippenschutz
- Toilettenpapier
- Fernglas
- Kompaß
- Höhenmesser
- Wasserflasche
- Notfall-Beutel (Inhalt siehe Kapitel 7, Trekking-Medizin)

Adressen

Im folgenden listen wir zu den einzelnen Themen des Buches Firmen und Händler auf, deren Produkte von uns getestet und für gut befunden wurden.

Zu Kapitel 3, Ausrüstung:

Bekleidung / Schlafsäcke / Zelte:

Big Pack GmbH
Fabrikstraße 35
W-7311 Bissingen/Teck
Tel.: 07023/2046
Fax: 07023/71050

VauDe
W-7992 Tettnang 1
Tel.: 07542/53060
Fax: 07542/52930

Salewa Germany
Saturnstraße 65
W-8011 Aschheim
Tel.: 089/90993-01
Fax: 089/90993190

Fjällräven
Fraunhoferstraße 10
D-8033 Martinsried
Tel.: 089/8575081
Fax: 089/8576441

Lowe
Heka-Sport
Luitpoldstraße 31
W-8033 Krailling
Tel.: 089/8599988

Schuhe:

Salomon Österreich GmbH
Lagerhausstr. 447
A-5071 Wals/Salzburg
Tel. von BRD:
0043/662/850930
Fax von BRD:
0043/662/850936

Koflach-Atomic
Markt 44
A-5602 Wagrein
Tel. von BRD:
0043/6413/8381-0

Kocher:
Markill GmbH
Emil-Kemper-Straße 43
Postfach 185449
D-4300 Essen 18
Tel.: 02054/6041
Fax: 02054/5696

Coleman Kocher
Ezetilstraße
W-6303 Hungen 3

Kamera:
Leica GmbH
Oskar-Barnack-Straße 11
W-6336 Solms
Tel.: 06442/208-0
Fax: 06442/208-333

Trekkingräder:
Centurion Renner
Blumenstraße 49–51
W-7037 Magstadt
Tel.: 07159/4006-0
Fax: 07159/44009

Brillen:
Carrera-Brillen
Holzbauernstraße 20
A-4050 Traun

Zu Kapitel 5, Orientierung:

Kontaktstelle für jene, die mehr Informationen über GPS-Satellitennavigationsempfänger haben wollen:

GPS Gesellschaft für professionelle Satellitennavigation mbH
Herr Dr. Axel Därr
Theresienstraße 66
8000 München 2

Zu Kapitel 8, Planung und Vorbereitung:

Ausrüstungsläden:

Deutschland

Bannat Globetrotter- und Expeditionsausrüstung
Lietzenburgerstraße 65
1000 Berlin 15

Därr's Expeditions-Service
Theresienstraße 66
8000 München 2

Globetrotter-Ausrüstungen
Denart & Lechhardt
Wiesendamm 1
2000 Hamburg 60

Globetrotter-Ausrüstungen
Denart & Lechhardt
Wilsdruffer Straße 3
O-8010 Dresden

Globetrotter- und Expeditionsausrüstung
Weisestraße 34
1000 Berlin 15

Globetrott-Zentrale Tesch
Karlsgraben 69
5100 Aachen

Sport Berger
Münchener Straße 88–90
8047 Karlsfeld-Rothschwaige

Supertramp
Jordanstraße 30
6000 Frankfurt/M. 90

Traveller Shop
Spandauer Str. 32
5900 Siegen

Österreich

Bergfuchs
Kaiserstraße 15
1070 Wien

Sport Eybl
Alpenstraße 108
5020 Salzburg

Bergspezl
Elisabethstraße 36
5020 Salzburg

Hof & Turecek
Expeditionsservice GmbH
Markgraf Rüdigerstraße 1A
1150 Wien

Robinson
Outdoor-Ausrüstung
Kriemhildplatz 10
1150 Wien

Schweiz

Transa AG
Gasometerstraße 29
8005 Zürich

Veranstalter von Trekkingreisen

Deutschland

DAV Summit Club
Am Perlacher Forst 186
8000 München 90

Hauser Exkursionen International
Marienstraße 17
8000 München 2

Österreich

Alpinschule Oberösterreich
Volksfeststraße 18
4020 Linz

Österreichischer Alpenverein Bergsteigerschule
Wilhelm-Greil-Straße 15
6020 Innsbruck

Weltweit Bergsteigen
Brixner Straße 2
6020 Innsbruck

Schweiz

Eiselin Sport
Obergrundstraße 70
6003 Luzern

Intertreck
Mendleweid
9050 Appenzell

Ski & Berg Spezial
Norbert Joos
7214 Grusch

Bücher und Landkarten

Deutschland

Därr's Travel Shop
Theresienstraße 66
8000 München 2

Geobuch
Rosental 6
8000 München 2

Gleumes & Co
Hohenstaufenring 47–51
5000 Köln 1

Goetze und Co
Hermannstraße 5–7
2000 Hamburg 1

Schropp'sche Landkartenanstalt
Potsdamer Str. 100
1000 Berlin

Österreich

Alpin Aktuell
Ottakringer Str. 165
1160 Wien

Hof & Turecek Expeditionsservice GmbH.
Markgraf Rüdigerstraße 1A
1150 Wien

Reisebuchladen
Kolingasse 6
1150 Wien

Schweiz

Atlas Reisebuchladen
Schauplatzgasse 31
3011 Bern

Travel Book Shop
Rindermarkt 20
8025 Zürich

Zu Kapitel 9, Klassisches Trekking:

Trekking-Agenturen in Nepal:

Adventure Nepal Trekking
Tridevi Marg, Thamel
P.O. Box 915
Kathmandu
Tel.: 4122508
Fax: 977-1-222026

Annapurna Mountaineering & Trekking
Durbar Marg
P.O. Box 795
Kathmandu
Tel.: 222999

Asian Trekking
Tridevi Marg, Thamel
P.O. Box 3022
Kathmandu
Tel.: 412821
Fax: 977-1-411878

Great Himalayan Adventure Kantipath
P.O. Box 1033
Kathmandu
Tel.: 216144
Fax: 977-1-419614

International Trekkers Naxal
P.O. Box 1273
Kathmandu
Tel.: 418594
Fax: 977-1-418561

Lama Excursions
Durbar Marg
P.O. Box 2485
Kathmandu
Tel.: 220186
Fax: 977-1-227292

Mountain Travel Nepal
P.O. Box 170
Kathmandu
Tel.: 414508
Fax: 977-1-419126

Sherpa Trekking Service Kamaladi
P.O. Box 500
Kathmandu
Tel.: 220423

Tiger Tops / Mountain Travel Lazimpat
P.O. Box 3989
Kathmandu
Tel.: 415995
Fax: 977-1-414075

Trans Himalayan Trekking
Durbar Marg
P.O. Box 283
Kathmandu
Tel.: 224854
Fax: 977-1-227289

Yeti Mountaineering & Trekking Ramshah Path
P.O. Box 1034
Kathmandu
Tel.: 410899

Chinesische Trekkingveranstalter:

China Mountaineering Association
10 Zuoanmennei Av.
Chongwen District
Beijing
Tel.: 7011629

Tibet
Mountaineering
Association
No. 7 East Lingkor Rd.
Lhasa
Tel.: 22981

China International
Sports Travel
4 Tiyuguan Road
Beijing
Tel.: 7017369

China International
Sports Travel
Generalagentur für
Deutschland
Andreas Rinnößel
Richard-Wagner-
Straße 6
5632 Wermelskirchen
Tel.: 02196/82711
Fax: 4884

Tibet International
Sports Travel
Himalaya Hotel
Lhasa
Tel.: 23775

China International
Travel Service
Lhasa Branch
168 West Beijing Rd.
Lhasa
Tel.: 24277

Qinghai Mountai-
neering Association
No. 1 Shan Shaan Tai
Xining, Qinghai
Tel.: 76030

*Zu Kapitel 13,
Flußtrekking:*

Big Pack GmbH
Fabrikstraße 35
W-7311 Bissingen/Teck
Tel.: 07023/2046
Fax: 07023/71050

Markill GmbH
Emil-Kemper-Str. 43
Postfach 185449
W-4300 Essen 18
Tel.: 02054/6041
Fax: 02054/5696

W. Grabner
Luftboot und
Sportartikelfabrik
Weistracher Straße 11
A-3350 Haag/NÖ
Tel. aus BRD:
0043/7434/42251
Fax aus BRD:
0043/7434/42251-66

Empfehlenswerte Literatur

Zu Kapitel 5, Orientierung:

Hans Fuchs / Arnold Hasenkopf: **Orientierung / Alpine Gefahren.** BLV Verlagsgesellschaft, München 1988
Horst Höfler: **Bergwandern heute.** Bruckmann Verlag, München 1989
Die Bariometrische Höhenmessung. Revue Thommen AG
Dieter Seibert: **Orientierung im Gebirge.** Bergverlag Rudolf Rother, München 1990
Wolfgang Linke: **Orientierung mit Karte und Kompaß.** Verlag Busse und Seewald, Herford 1991
Karl Thöne / Edwin Kaufmann: **Karte und Kompaß.** Hallwag Verlag, Bern 1988
Axel Därr: **Info-Mappe zur GPS-Satellitennavigation.** Därr Expeditions-service GmbH, München 1992

Zu Kapitel 6, Das Wetter:

Peter Albisser: **Kleine Wetterkunde für Bergsteiger.** Schweizer Alpen-Club 1982
Ernst Neukamp: **Wolken, Wetter.** Gräfe und Unzer, München 1991
Carsten Peter / Toni Schlager: **Gleitschirmfliegen.** Bruckmann Verlag, München 1992
Walter Sönning / Claus G. Keidel: **Wolkenbilder, Wettervorhersage.** BLV Verlagsgesellschaft, München 1990

Zu Kapitel 7, Trekkingmedizin:

Franz Berghold: **Bergmedizin heute.** Bruckmann Verlag, München 1987

Zu Kapitel 9, Klassisches Trekking:

Nepal:

Stan Armington: **Trekking in the Nepal Himalaya.** Hawthorn 1992
Bernhard Banzhaf: **Nepal – Trekkingführer.** München 1991
Dieter Bedenig: **Nepal.** »Richtig Reisen«. DuMont Verlag, Köln 1986
Steven Bezruchka: **Nepal I, Trekking-Routen. Nepal II, Trekking-Handbuch.** C. Stein Verlag, Kiel 1988
Wolf Donner: **Nepal.** München 1990
Ulrich Gruber: **Nepal.** München 1991
Toni Hagen: **Nepal – Königreich im Himalaya.** Bern 1960
Hans Kopp: **Sechsmal über den Himalaya.** Berwang/Tirol 1989
Peter Matthiesen: **Auf der Spur des Schneeleoparden.** München 1985
Michel Peissel: **Das verbotene Königreich im Himalaya.** Frankfurt 1978
Michel Peissel: **Königreiche im Himalaya.** Wörgl 1985
David Snellgrove: **Himalayan Pilgrimage.** Boston 1981
Hugh Swift: **Trekking in Nepal, West Tibet and Bhutan.** London 1989
Ludmilla Tüting: **Nepal verstehen.** Starnberg 1985
Ludmilla Tüting: **Nepal für Globetrotter.** Hagen 1980
Eric Valli / Diane Summers: **Hidden Dolpo.** New York 1987
Jürgen Winkler: **Himalaya.** München 1990

Tibet:

Bruno Baumann: **Die Götter werden siegen.** Das verborgene Tibet. München 1991
Bruno Baumann: **Tibet–Kailas–Seidenstraße.** Der diamantene Weg. Graz 1988
Michael Buckley / Robert Strauss: **Tibet – a travel survival kit.** South Yarra 1986
Sven Hedin: **Transhimalaya.** Wiesbaden 1985
Petra Kelly / Gert Bastian: **Tibet – ein vergewaltigtes Land.** Hamburg 1988
Gary McCue: **Trekking in Tibet.** A Traveler's Guide. Leicester 1991
Kerry Moran / Russell Johnson: **Kailas.** Auf Pilgerfahrt zum heiligen Berg. München 1990
Andreas Schulze / Bernd Neubauer: **Grenzland.** Durch Westchina zum K2. Stuttgart 1989
Sven Hedin: **Reisen mit Sven Hedin.** Wiesbaden 1967

Südamerika:

Oskar E. Busch: **Peru.** Trekking Führer. München 1991
Gino Buscaini / Silvia Metzeltin: **Patagonien.** Traumland für Bergsteiger und Reisende. München 1991
Charles Frazier: **Adventuring in the Andes.** San Francisco 1986
Peter Frost: **Inka Region Cuzco.** Kiel 1986
Willi Senft / Engelbert Katschner: **Bergwandern in Südamerika.** Graz 1981

Zu Kapitel 10, Trekking in der Wüste:

Otl Aicher: **Gehen in der Wüste.** Frankfurt/Main 1982
Bruno Baumann: **Takla Makan.** Mein Weg durch die Wüste des Todes. München 1990

Werner Gartung: **Durchgekommen.** 1000 Wüstenkilometer mit der Tuareg-Salzkarawane. Stuttgart 1987
Uwe George: **Die Wüste.** Vorstoß zu den Grenzen des Lebens. Hamburg 1989
Sven Hedin: **Durch Asiens Wüsten.** Wiesbaden 1986
Fritz Kortler: **Sucher in der Wüste.** Unter Sufis, Magiern und Nomaden. München 1988

Zu Kapitel 11, Trekking in den Tropen:

Bruno Baumann: **Neuguinea – Vorstoß in die Vergangenheit.** Wien 1985
Charles Clarke: **The Mountains of Kenya.** A Walker's Guide
Uwe George: **Der Regenwald.** Hamburg 1988
Rüdiger Nehberg: **Die letzte Jagd.** Hamburg 1989
Clive Ward: **Snowcaps on the Equator**
Guy Yeoman: **Africa's Mountains of the Moon**

Zu Kapitel 12, Trekking im Eis:

Martin Eimer: **Sermilagag-Ostgrönland.** Berwang 1986
Jean-Louis Etienne: **Transantarctica.** München 1992
Arved Fuchs: **Von Pol zu Pol.** Köln 1990
Konrad Gallei: **Naturparadies Südnorwegen.** Karlsruhe 1983
Reinhold Messner: **Antarktis – Himmel und Hölle zugleich.** München 1990
Karl-Heinz Raach: **Bilder aus der Arktis.** Hannover 1991
Michael Vogeley: **Herausforderung Grönland.** München 1989

Zu Kapitel 13, Flußtrekking:

Gerhart Büchl: **Kajakfahren heute.** München 1987
Konrad Gallei: **Im Banne der Arktis.** Mit dem Kajak an der Westküste Spitzbergens. Stuttgart 1988
Franz Riegel/Dieter Raffler: **Schlauchboote: Ausrüstung, Paddeltechnik, Wildwasser.** Oberschleißheim 1987
Otto von Stritzky/Marja de Pree: **Paddel-Handbuch.** Wandern auf Salz- und Süßwasser. München 1991

Zu Kapitel 14, Radtrekking:

Norbert Ergang: **Mit dem Mountain Bike im Himalaya.** 1991
Ulrich Herzog: **Extremtouren mit dem Fahrrad.** 1989
Thomas Schulz: **Außergewöhnliche Fahrradtouren.** 1991
Dieter Kreutzkamp: **12000 km Australien und Neuseeland.** 1991
Richard und Nicholas Crane: **Fahrrad-Abenteuer im Himalaya.** Stuttgart 1989
Arne Körtzinger: **Allein durch Island per Fahrrad.** Stuttgart 1991
Alain Guigny: **Auf zwei Fahrrädern ans Ende der Welt.** Stuttgart 1990
Patrick Hetrich: **Mit dem Fahrrad von Feuerland nach Mexico.** Stuttgart 1991
Andi Heckmair / Gerhard Hirtlreiter: **Mountainbiking heute.** München 1989

Register

Die Ziffern verweisen auf die Text- und Bildseiten.